国外首都圈建设与京津冀协同发展

主编　裴桂芬　副主编　尹凤宝

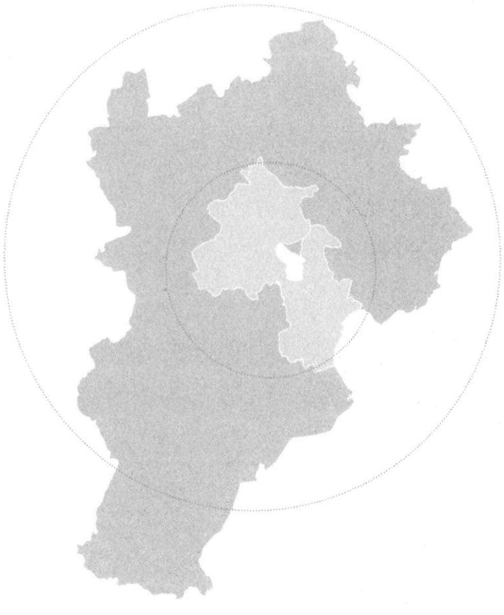

河北大学出版社
·保定·

出 版 人：朱文富
责任编辑：翟永兴
装帧设计：王占梅
责任校对：耿兆飞
责任印制：常　凯

GUOWAI SHOUDUQUAN JIANSHE YU JINGJINJI XIETONG FAZHAN

图书在版编目（CIP）数据

国外首都圈建设与京津冀协同发展 / 裴桂芬主编；尹凤宝副主编．-- 保定：河北大学出版社，2023.10
ISBN 978-7-5666-2191-7

Ⅰ．①国… Ⅱ．①裴… ②尹… Ⅲ．①城市建设－研究－国外②区域经济发展－协调发展－研究－华北地区 Ⅳ．①F299.1②F127.2

中国国家版本馆CIP数据核字(2023)第197702号

出版发行：河北大学出版社
地址：河北省保定市七一东路2666号　邮编：071000
电话：0312-5073003　0312-5073029
网址：www.hbdxcbs.com
邮箱：hbdxcbs818@163.com
经　　销：全国新华书店
印　　刷：保定市北方胶印有限公司
幅面尺寸：170 mm × 240 mm
字　　数：150 千字
印　　张：10.5
版　　次：2023 年 10 月第 1 版
印　　次：2023 年 10 月第 1 次印刷
书　　号：ISBN 978-7-5666-2191-7
定　　价：39.00 元

序　言

在京津冀协同发展、一带一路倡议顺利推进和雄安新区建设启动之际，需要深入研究和探讨国外首都圈或都市圈建设的经验及教训。作为河北省人文社会科学研究重大课题攻关项目《国外典型首都圈经济发展路径及资源整合绩效研究》（ZD201518）课题组成员，河北大学一行13人参加了日本福山大学于2017年9月27日举办的“首都圈和地区经济发展”国际研讨会。福山大学经济学部的30多名师生参加了研讨会。研讨会后，针对福山大学经济学部师生举办了《中国经济》报告会：河北大学经济学院院长王金营教授向福山大学师生做了河北大学及经济学院的学科介绍，河北大学日本研究所所长裴桂芬教授做了《美国反全球化与中国“一带一路”倡议》的学术报告；140多名福山大学师生听取了讲座，并就热点问题进行了深入讨论。10月2日，课题组访问了位于筑波市的筑波大学。筑波大学系统信息系社会工学领域的川岛宏一教授接待了课题组成员，重点介绍了筑波市建设发展的历程和存在的主要问题；裴桂芬教授专门介绍了雄安新区建设的设想和建设现状；双方认为筑波市的建设经验和教训可以为雄安新区的建设提供有益的借鉴。

本书是在此次学术交流成果的基础上完善而形成的，主要包括两大部分内容。

第一部分是关于国外首都经济圈及其建设中的相关问题，包括第一章到第五章，主要研究国外首都功能整体迁移或行政功能迁移、不同首都经济圈疏解非首都功能以及都市圈产业分工等问题。

第一章是关于筑波新城建设中央地方协调关系的研究。筑波市位于茨城县南部，距离东京 50 千米，这是 20 世纪 60 年代日本为缓解东京都市圈人口、土地和交通等压力，基于 1970 年《筑波研究学园城市建设法》而建立的一个以大学和国立科研机构为主体的新兴城市。它是疏解东京首都附属功能的典范，主要是疏解各省厅附属的教育及研究机构。具体建设历程是 1961 年提出设想，1963 年内阁通过了筑波科学城的建设规划，1969 年动工，1980 年 43 家教育和研究机构完成搬迁。截至 2000 年，已有 60 家国家研究机构和大学，240 多家民间研究机构和 8 大工业团入驻科学城及周边地区。该章主要分析了筑波新城建设不同时期中央与地方的关系问题，指出在规划搬迁期是完全的政府主导模式，在完成搬迁后的新城建设期是地方自治管理阶段，在 2002 年以后的新城发展期形成了央地共建模式。研究发现，日本在筑波新城建设中，始终伴随着中央和地方的冲突和矛盾。新城规划建设期最重要的央地冲突就是最初的规划占地遭遇到当地村民和政府的抵制，最后不得不根据当地政府的提议修订规划占地方案，将连片型的建设方案改为现在的分散性建设方案。在新城建设过程中，中央政府经历了从忽视地方需求到重视地方发展的历程，1970 年出台的《筑波研究学园城市建设法》根本没有考虑周边地区的开发和建设问题，直到 1981 年才出台《周边地区开发计划》，1989 年新筑波计划提出建设广域都市圈的设想。在筑波新城发展期，是中央政府和地方自治体通力合作时期，筑波快线的开通带来了筑波市和快线沿线的人口流入和经济发展，独立行政法人制度改革则彻底打破了横亘在各机构之间的体制藩篱。筑波作为国家综合战略特区，其使命就是引领日本的科技创新、提升日本的国际竞争力，这为筑波新城发展注入了全新活力。

第二章研究的是巴西首都迁移以及巴西利亚的建设问题。巴西历史上经历了两次迁都，第一次迁都是葡萄牙殖民时期从萨尔瓦多迁入里约热内卢，第二次是巴西共和国成立后从里约热内卢迁入巴西利亚。本章的研究结论是，第一次迁都是葡萄牙殖民政府出于经济和军事原因而做出的，由于缺乏科学的规划和布局，在 20 世纪随着人口的增加和产业的发展，出现了严重的城市病。第二次迁都是在科学规划下进行的，具有立法先行、先规划再建设、城市建设机构的市场化运营、建设资金来源多样化、通过卫星城实现城市扩张等特点。但同时也带来了一些弊端和问题，如城市规划缺乏前瞻性，卫星城和主城区之间以及卫星城之间交通设施不完善，经济发展地区不平衡问题并没有得到明显改变，等等。

第三章是围绕韩国疏解首都行政功能而展开的。韩国疏解首都圈功能经历了长期的探索过程。从迁都计划的搁浅到疏解首都行政功能，从迁都法违宪到《行政中心复合城市建设特别法》通过，从首尔向周边的果川市和大田市迁移再到新世纪以来迁入世宗行政中心，50 多年的疏解历程，既有成功的经验，也有一些痼疾至今还没有得到解决。本章分析了韩国疏解首都行政功能的背景以及探索，指出首都行政功能从首尔迁入果川市和大田市，并未有效解决首尔都市圈存在的问题，反而成为进一步对外疏解的对象。在新行政首都建设规划违宪降级为建设行政中心复合城市——世宗市建成后，2010 年完成了中央政府机构的入驻。到 2015 年底，总有 18 个部级机关、18 个从属机关、14 个政府出资研究机构入驻世宗市，迁入公务员人数为 1.6 万人左右。随着中央机构向世宗市的转移，首尔的大城市病得到了一定缓解。在建设过程中也积累了一定经验，但是存在的问题还是显而易见的，政府机构两地或多地办公带来的行政效率低下问题依然严重，预期带动中部经济发展的绩效并不显著。

第四章是针对印度都市圈产业发展的相关研究。印度共和国的首都新德里，是全国政治、经济和文化中心，是在原德里城基础上扩建而成的。新德里和德里中间隔着一座印度门，印度门以南为新德里，印度门以北为原德里，两个德里与周边紧邻城市共同构成了印度首都经济圈。自 20 世纪 50 年代印度将首都迁入新德里以来，到 90 年代形成了核心层、支撑层和外围层为架构的首都经济圈，在长期的经济发展和探索中首都圈的不同层次形成了不同的产业分工体系。核心层以新兴产业和知识产业为支柱产业，支撑层以一般制造业和物流产业为核心，外围层集中发展金融业、娱乐业等现代服务业。德里周边的四大经济特区的产业既有差异又有重叠，合理的交通规划在一定程度上缓解了德里客流和物流过度集中带来的交通压力。而德里在产业布局过程中，也带来了一系列问题，产业结构不合理和收入分配不均衡问题严重，生态环境没有得到有效控制，基础设施的开发和建设不能满足都市圈发展的需要等问题依然严重。

第五章研究伦敦和东京都市圈如何通过城市规划疏解非首都功能问题。英国是最早制定首都城市规划的国家，1944 年出台的第一部大伦敦规划成为英国国内乃至许多国家制定城市规划的蓝本。后来经历了长期的城市规划调整和改革，2021 年出台的《大伦敦规划 2021》提出了“良好增长”目标，目的是实现兼具社会和经济包容性以及环境可持续性增长的城市发展规划。东京都的城市规划开始于 20 世纪 50 年代，最早是仿效大伦敦规划于 1958 年编制了第一个首都圈规划，此后几乎是每隔十年编制一部规划，到 2016 年出台了第 7 部首都圈规划。尽管伦敦和东京不断调整和优化城市规划，现实都市圈的建设和发展并没有完成按照规划设计而展开，还存在着一些问题，但通过城市规划，伦敦和东京均实现了首都圈空间结构从单核向多核的转变，形成了比较合理的产业分工和地区分工格局，人口流动出现了从集中到分散再到集中的过程，显示了未来城市发展的规律性。总结伦敦和东京通过城市规划疏解非首都功能的特征可以发现，城市规划制定过程中的政府主导与民主决策的有机结合、政府运用法律手段保障规划的实施、注重首都圈交通体系的建设和发展可谓是成功的经验，而规划的前瞻性不足也成为制约城市发展的重要因素。

第二部分是针对京津冀首都圈问题展开的研究。2014 年京津冀协同战略的出台，标志着首都圈经济社会进入了新的发展阶段，相关问题的研究有助于推动京津冀协同这一国家战略。本部分包括 3 章内容。

第六章围绕京津冀协同科技创新问题展开分析。京津冀协同创新发展战略协议早于京津冀协同发展纲要的出台，协同科技创新成为京津冀协同发展的有效途径。首先，通过统计数据描述了 2008—2019 年期间全国及京津冀地区科技创新研发投入、科技产出、劳动生产率以及技术交易状况，为本章进一步分析提供了直观印象。其次，以 2014 年为时间节点分析了不同阶段京津冀协同科技创新程度，具体方式是运用复合系统协同度模型，建立了包括创新环境、投入要素和创新产出的评价模型，采用国家统计局网站和万德数据库数据测度了京津冀三地协同创新状况。发现在2008—2019年期间，京津冀区域技术创新协同程度明显高于全国和环渤海地区整体水平，在2014年京津冀三地签订框架协议后，京津冀区域协同创新程度进一步提升。最后，在明确协同科技创新存在问题基础上提出了相应的对策建议。

第七章是针对京津冀三地住房价格变化及其供求市场展开的分析。作为首都，北京的房屋价格变化成为事关民生的重要问题。2014年京津冀协同战略提出以来，北京市房价出现了直线飙升局面，期间天津市和河北省的房价也出现了一定上升，京津冀协同战略带动了京津冀房价协同的舆论不绝于耳。事实上，京津冀三地房价的变动更多来源于三地供求市场的变化。本章从供求市场变化分析了京津冀三地的住宅价格变化特征，得出的主要结论是需求市场上住宅销售量、城镇可支配人均收入和人口规模以及结构的变化成为京津冀房屋价格变动的主要因素，而供给市场上的住宅建设数量、住宅开发投资和住宅开发成本带来了三地不同的价格变化轨迹。

第八章专门针对河北省自贸试验区问题展开研究。自贸试验区建设是我国新时期对外开放战略的重要组成部分，也成为双循环战略下经济高水平对外开放的平台。在推进京津冀协同战略过程中河北省如何利用自贸试验区推进政府职能转换、缩小河北省与京津经济差距是一个值得认真思考的重要问题。本章首先分析了中国改革开放以来不同阶段转变政府职能内涵的差异，指出2018年以来转变政府职能的核心在于优化营商环境，并梳理了2013年以来全国成立的21个自贸试验区试点建设方案中政府职能转变内涵的转变，发现2019年以来成立的自贸试验区的首要任务就是建设国际一流的营商环境。其次研究了先行自贸试验区复制推广经验和最佳实践案例中的营商环境改善方略。最后基于河北省营商环境低下的现实提出了提升河北省营商环境的对策建议。

本书是日本研究所课题组成员共同完成的学术成果，分工情况如下：

第一章，尹凤宝；第二章，杨茜；第三章，尹玉梅；第四章，徐永利、张幸；第五章，侯珺然；第六章，王立军；第七章，马文秀、黄钟镛；第八章，裴桂芬、马学礼、孙静。裴桂芬负责总体策划、统稿和协调工作。

目　录

第一章　筑波新城建设中央地方协调关系研究[①]

1961年，日本内阁提出疏解首都东京非必要官厅机构的设想。1963年筑波从四个备选地（富士山麓、赤城山麓、那须高原和筑波山麓）中脱颖而出，开始规划和建设“筑波研究学园都市”（下文通称为筑波新城）。本章从中央与地方政府参与筑波新城建设的角度出发，将筑波新城建设划分为三个阶段，即中央政府全面主导的规划搬迁期（1963年9月至1980年3月）、筑波自治体酝酿至诞生的新城建设期（1980年3月至2002年11月）以及筑波自治体形成后的新城发展期（2002年11月至今）。筑波新城是日本中央政府与地方自治体首次联合建设和运营管理的新城，经历了完全由中央政府主导阶段、地方自治管理阶段和央地协同共建阶段，不同阶段存在的问题以及解决问题的方式将是本章研究的主要内容。

第一节　中央政府全面主导的规划搬迁期

1963年9月日本内阁会议就建设筑波新城达成共识。至1980年3月规划搬迁的研究机构全部搬迁入驻，这一阶段是完全由中央政府主导的。本阶段的突出特征是存在强有力的法律保障、高规格的管理机构、持续的财政预算支持以及央地协调下的调整规划方案。

---

① 本章为河北大学人文社会科学引进人才科研启动基金资助项目。

一、强有力的法律保障

无论是政策出台、机构设置还是战略规划，日本历来坚持法律先行。在筑波新城正式开工建设之前，日本已经出台许多城市开发相关法律。1950 年颁布了《国土综合开发法》。这是日本第一部国土开发法律，规定了四级国土开发计划的具体规划范围、编制程序和实施等内容。此后到 2008 年日本共编制了六次国土开发计划，分别针对东京“一极集中”、地区差距、环境污染、经济萧条、国际激烈竞争和少子高龄化等不同阶段的典型问题。1956 年的《首都圈建设法》和 1963 年的《首都圈市街地开发区域建设法》等是专门针对首都圈建设出台的法律；1969 年出台的《都市再开发法》规定了城市开发的相关事项，目的是通过城市土地的合理高效利用和城市发展，提高国民的福利水平。

为全面指导筑波新城的建设工作，1970 年日本颁布了《筑波研究学园都市建设法》，并将其特设为国家层级的法律。该法包括 4 章 13 个条款，明确规定了筑波新城建设的目的、开发范围和开发主体、规划建设的决策和执行机构、资金来源等事项。该法第十三条规定，政府必须确保筑波新城建设项目实施所需资金，在国家财政允许的范围内努力促进项目实施。而且，一旦认为在促进新城建设上有必要，国家就会对相关地方团体予以财政、金融以及技术上的支持。其中，明确“在国家财政允许的范围内”予以支持，这在日本新城建设中尚属首次，从某种意义上说，可以将筑波新城建设视为国策。根据《筑波研究学园都市建设法》，日本制定了具体的实施细则，包括《筑波研究学园都市建设规划纲要》《筑波研究学园都市公共公益事业等的整备计划概要》《筑波研究学园都市搬迁机构及搬迁计划概要》《研究学院地区建设规划》等，涉及国土空间规划、项目建设、项目审批和监督流程等各个方面，所有建设进程均做出了详细的法律规范，保证了筑波新城的建设进程和进度。

二、高规格的管理机构

在日本内阁确定建设筑波新城之后，为推进筑波新城建设工作，经内阁会议研究，1964 年成立了以首都圈建设委员会委员长河野一郎为部长的新城建设指挥部，成员包括环境厅（现环境省）、厚生省（现厚生劳动省）、文部省（现文部科学省）等相关中央直属省厅的副职。该指挥部全权负责筑波新城的规划、建设与管理等事务，就机构搬迁等具体事项负责与各相关省厅协调，并直接对首相负责。首都圈建设委员会是基于 1956 年出台的《首都圈建设法》而成立的，属于总理府的外设机构，最初挂靠在建设省，1974 年后挂靠在国土交通厅。在 2001 年中央省厅机构调整后，首都圈建设委员会的指挥部部长为国土交通大臣，该委员会的成员包括内阁府、总务省、财务省、文部科学省、厚生劳动省、农林水产省、经济产业省、国土交通省以及环境省的副职（事务次官）。1971 年 2 月，新城建设指挥部基于 1970 年颁布的《筑波研究学园都市建设法》，出台了《筑波研究学园都市建设规划纲要》以及《筑波研究学园都市公共公益事业等的整备计划概要》，并于 1973 年对这两份文件进行了修订；同时出台的还有《筑波研究学园都市搬迁机构及搬迁计划概要》。1975 年发布了《筑波研究学园都市所在町村财政负担特别措施纲要》。这些文件的出台为新城建设规划、机构搬迁、财政保障奠定了基础。1974 年国土交通厅成立后，由其下属的“筑波研究学园都市建设推进室”具体负责筑波新城建设相关的所有事务。

三、持续的中央财政预算支持

在筑波新城建设初期，机构搬迁和新城建设与发展相关费用完全是由中央政府承担的。根据国土交通厅国土技术政策综合研究所的统计资料，截至 2003 年（平成 15 年）日本用于筑波新城建设的专项预算经费累计高达 25 668 亿日元。其中用于实验研究及教育机构建设的预算经费为 16 934

亿日元，用于公务员宿舍的建设预算经费 748 亿日元，建设用地平整项目预算经费 6655 亿日元，相关公共设施的整备预算经费为 1270 亿日元。

筑波新城建设后期的城市环境改善、公共设施建设也获得了国家财政的大力支持。这是由于建设初期筑波新城所在地区并不是一个独立的自治体，是分散在茨城县 3 个郡的 6 个町村自治体，即筑波郡的大穗町、丰里町、谷田部町、筑波町，新治郡的樱村和稻敷郡的茎崎村（茎崎村于 1983 年 1 月 1 日升格为茎崎町，为前后统一，书后统称为茎崎村）。在 2002 年 11 月合并成立新筑波市之前，筑波新城都不是由单一的自治体来统辖管理的。日本的地方自治体制具有两个特征，一是地方有权建立在一定程度上独立于中央政府的地方自治机构，二是按照“公民自治”的理念，地方居民有权参与和处理当地的各项公共事务活动。这是日本《地方自治法》赋予的权力。按照日本《地方自治法》，地方自治体的市町村财政收入的两个最重要的财源是地方税中的市町村居民税和固定资产税。但这两个税收的规模在筑波新城建设初期非常小，不能支持新城基础设施的建设或维护。

经新城建设推进总部干事会下设的财政负担问题委员会（成员包括当时的大藏省、文部省、建设省、自治省以及国土厅）研究决定，由国家财政负担本该地方出资的基础设施建设和维护费用，并于 1975 年出台了《筑波研究学园都市所在町村财政负担特别措施纲要》，规定在 1976—1985 年 10 年间，每年国家拨付 5 亿日元特别交付金，用于道路等公共设施的维护管理和周边地区垃圾处理、消防设施建设等方面的整备。到 2003 年，特别支付金达到 61 亿日元。

四、适应地方需求而调整的新城规划方案

筑波新城的规划方案经历了漫长的制定和调整过程，总体规划出炉经历了 6 年之久，先后推出了 6 个方案。第一个方案为 1963 年首都圈整备委员会为了探试当地民众反应提出的 NVT（Nouvelle Ville de Tsukuba，法语，意为筑波新城）案。这是涵盖谷田部町和茎崎村全域的成片规划方案，

结果遭到了当地居民的强烈反对。尽管当初筑波在新城选址中胜出的重要原因之一是当地政府和居民的积极配合，但居民还是不能接受完全失去土地的事实。后来茨城县提出希望占用居民宅基地和农业用地以外的平坦林地，作为筑波新城的建设用地。为了平息民众的怨愤情绪，首都圈整备委员会下设的规划委员会于 1964 年 10 月提出了《研究学园都市建设的构想》，该案充分考虑了茨城县政府的意见，最后形成了充分考虑人口、面积诸因素和平坦林地等因素的分散建设方案，并贯穿于此后的规划方案。最终，新城的核心区面积（研究学园区）从 NVT 方案的 3668 公顷缩减至建成时的 2700 公顷①，当初连片紧凑型的建设目标未能实现，最终形成的是南北狭长（东西 6 千米、南北 18 千米）的分散型城市（详见图 1-1）。规划方案的艰难出台表明，日本地方自治体在新城建设中的影响不容小觑。

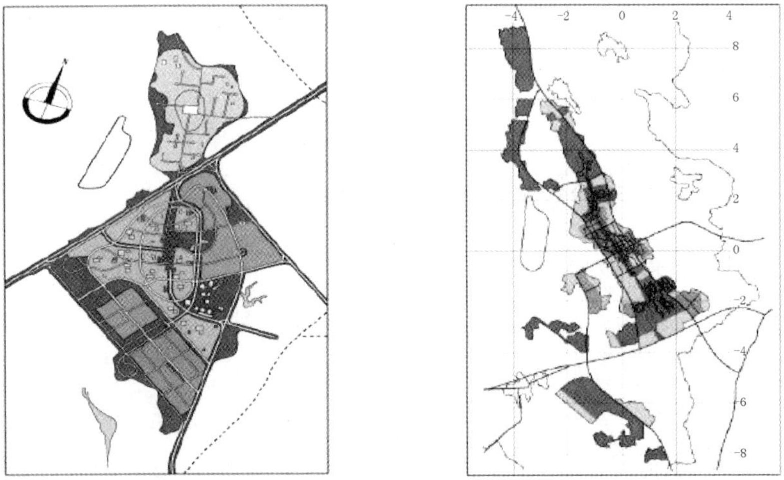

(a) 最初的 NVT 方案　　(b) 最终的规划方案

图 1-1　筑波新城规划方案对比图

资料来源：河中俊，金子弘．筑波研究学園都市の現状と諸課題にみる都市形成過程上の問題[M/OL]. 2015-12-22[2021-7-17]http://www.nilim.go.jp/lab/bcg/siryou/tnn/tnn0815.html.

① 现在的筑波市由研究学园区和周边开发区构成，前者占地 2700 公顷，后者占地 25 694 公顷。

第二节　单一自治体酝酿至诞生的新城建设期

1980 年 3 月规划搬迁的 43 个教育研究机构全部迁入。针对之前新城分散在 6 个自治体的现状，时任茨城县知事竹内藤男提议筑波新城所在町村合并筹建单一的自治体。遗憾的是，形成单一自治体的过程经历了 20 多年，直到 2002 年 11 月才建成现在的筑波市。在这个过程中，筑波新城存在着两种形式上的条块分割：一是分散型的筑波新城分属在 6 个不同的町村自治体；二是 10 个主管省厅（团）对 43 个研究开发机构实施垂直管理。本节首先分析从松散的自治雏形到筑波市单一自治体形成的艰难历程；其次研究 1985 年筑波召开的科学万国博览会在吸引民营企业入驻中的作用；然后明确中央省厅垂直管理研究机构导致的筒仓文化弊端以及改革尝试；最后梳理筑波快线通车对筑波新城的影响。

一、松散的自治雏形到单一自治体的形成

1972 年 3 月，科学技术厅所属的无机材质研究所迁入筑波。这是迁入筑波的第一家机构，由此也提出了对居民生活基础设施的需求。随着新区居民的入驻，最初新城所在的 6 个町村联合成立了旨在解决自来水供应的机构——筑南自来水公司。后来，为解决污水排放问题又成立了筑南地区广域行政事务协作会，该机构同时还负责 6 个町村全域的卫生、垃圾处理、消防、老人福祉中心及火葬场等设施的建设和运营。1977 年 2 月成立了以研究机构和大学为中心的“筑波研究学园都市研究交流推进联络会”。同年 8 月成立了由茨城县、相关 6 个町村、国家实验研究和教育机构以及日本住宅公团共同组成的“筑波研究学园都市协议会”，旨在提升新城所在地的政学研协作及城市管理水平。这些机构或组织的成立在一定程度上解决了城市运营的某些紧迫问题，但为了筑波新城的可持续发展，至关重要的是

应该成立一个单一自治体管理筑波新城的所有事务，这是来自日本国家层面和茨城县两个方面的共同需求。

1980 年 3 月，时任茨城县知事的竹内藤男在茨城县议会上做了《深化筑波当地居民意识，尽快形成城市合并良机》的主旨发言，主张尽快合并筑波新城所在地区的村镇，形成一个市级地方自治体。之后，他又在不同场合多次做出类似发言。当时确定的目标是在 1985 年国际科学技术博览会开幕前完成筑波新城所在町村合并，但在当时 6 个町村之间并没有达成共识。1987 年 10 月，大穗町、丰里町、谷田部町、樱村的对等合并案获得了县议会的认可，确定将新城市命名为筑波市。1988 年筑波町并入筑波市，而茎崎町的并入却是在 15 年之后的 2002 年。随着茎崎町的并入，形成了现在的筑波市。

在日本规模较大的新城中，像筑波新城这种规划区域横跨几个自治体最后通过合并形成单一自治体的并无先例，这一方面是源于筑波新城建设是国家战略，另一方面也归功于 1995 年审议通过并实施的《地方分权推进法》。无论如何，筑波市的成立对推动新城的建设和发展，提升行政、财政运营效率，强化基础设施建设，充实城市服务以及完善城市规划都是极为重要的举措。

二、从"科学万博"到民营企业的入驻

1979 年 11 月的日本内阁会议，正式决定由筑波地区申请承办 1985 年的国际科学技术博览会（以下简称为科学万博）。以国家项目的形式来运作科学万博，其目的不言自明：一方面可以通过博览会的筹备提速新城基础设施建设；另一方面，也是更重要的，希望以博览会的形式为新城赢得知名度并招揽人气。

1981 年筑波新城正式从国际展览局获得国际科学技术博览会（1985）的承办权。这届博览会的主题是"人类、居住、环境与科技"，与新城建设初衷相当匹配。日本中央政府以此次大会为契机，全力建设和完善筑波的

商业设施、加快交通系统建设，并改善了投资环境。大会筹备期间，筑波中心大厦、筑波万博中心等标志性建筑或设施相继完工，并建成了常磐公路联通了筑波新城与东京的高速。1985 年 3 月 17 日至 9 月 16 日，科学万博成功在筑波新城举办。此次博览会共有 46 个国家和 37 个国际组织参加，展示了当时世界各国最新的科技成果，参观者总数超过了 2000 万人次（其中海外参观者约 75 万人次）。据悉，博览会的最终收益达到了 84 亿日元。可以说，科学万博极大地推动了筑波新城的国际化，提高了城市知名度，筑波新城因此成为国际知名的科学城。

以科学万博的筹备与举办为契机，筑波新城在吸引民营企业方面有了突破性进展。1986 年建设完成了最早吸引民营科技企业入驻的东光台研究园区。科学万博的主会场在完成它的使命后按照预定计划转型为以研究开发为主的筑波西部工业园。此后，茨城县主导开发了筑波北部工业园，住宅都市整备公团相继开发了筑波大穗科技园、筑波丰里科技园以及筑波樱花科技园。分散于筑波研究学园都市核心区域外部的工业园带动了周边区域的发展。目前，筑波共有工业园区 9 个，占地面积 615.4 公顷，入驻各类民营企业 137 家。

三、筒仓文化的约束及破局尝试

随着筑波科学万博的举办以及随后民间企业的入驻，国立研究实验机构、大学与民间企业之间的深度合作倍受期待。然而，筑波新城其后的发展并未尽如人意，新城渐渐受到世人质疑，并被冠以“科学乌托邦”之名。究其原因，主要是其内在机制存在问题，特别是中央省厅垂直管理导致的条块分割即所谓筒仓文化（silo culture）的影响。1980 年，在筑波新城建设完成后迁入的 43 个国立机构分属于 10 个省厅（团），具体为：科学技术厅 4 个、环境厅 1 个、文部省 5 个、厚生省 2 个、农林水产省 13 个、通商产业省 10 个、运输省 3 个、建设省 3 个、邮政省（日本电信电话公社）1 个，还有 1 个隶属于宇宙开发事业团。这些机构在新城的运营管理都要受到各自省厅法令条例的约束。由于处在顶层的省厅之间缺乏必要的协调或沟通，导致各个直属研究机构各行其是、难以形成合力。如受《财政补贴规范法》的限制，国立机构的设备和装置很难用于规定以外的目的，国立研究机构之间难以实现设备共享，更不要提与民间企业的合作。而相应法规（如《农地法》《药机法》等）以及税收制度的限制又使各种技术尤其是先进技术的应用推广困难重重。

20 世纪 90 年代初泡沫经济崩溃后，秉持“科技立国”的日本政府受到国际竞争力下滑的刺激，于 1995 年出台了《科学技术基本法》，翌年又推出《科学技术基本规划》。五年一期的《科学技术基本规划》的出台，一定程度上消除了跨系统联合协作上的制约，营造了较为良好的科研环境。而象征打破省厅之间壁垒的标志性事件是 2002 年投入使用的筑波宽带网（Wide Area Network，WAN），该网络旨在联结筑波新城各教育研究机构（研究所、大学）实现数据资源共享。首批加入的原科学技术厅、文部省（现文部科学省）、邮政省（现总务省）等 6 省厅下属的 10 所机构实现了当时世界上最快的 10G 网络的互联互通。后续联网规模不断扩大，旨在通过民间企业与自治体的参与实现政产学研联合，并借助与国家网络连接开展广域合作、加速新产业形成。

同期还在新城开展了更大范围的尝试以突破筒仓模式。如为促进高校与企业开展共同研究以及技术向产业界的转移和扩散，日本首先于 1986 年颁布了《研究交流促进法》，1998 年又出台了《研究交流促进法》修正案，同年国会还通过了《促进大学技术研究成果向民营企业转让的相关法律》。1988 年设立的筑波研究支援中心，是由茨城县、日本政策投资银行以及 76 家民间企业共同出资维持的第三部门，作为以政产学研交流为基轴的研究开发支援据点，提供创业孵化、人才培养、信息支持等服务。1998 年，日本政府全面修订《研究学园地区建设规划》和《周边开发地区整备规划》，制定了《新筑波计划》，并根据《科学技术基本规划》将筑波新城定位为信息、研究、交流的核心，提出要建立集科学技术中枢城市、广域自立都市圈核心城市和生态模范城市于一体的筑波市 ，致力于筑波新城的转型与再发展。

四、交通滞后局面的改善

交通网构筑方面是筑波新城建设中的一个争议焦点。尤其是各研究机构刚刚入驻的建设初期，交通设施饱受诟病，筑波职员经常抱怨的“雨靴与星空”成为日本的流行语①。后来，日本政府利用科学万博召开的契机疏通了筑波新城内部交通，基本实现了亨利·赖特（Henry Wright）与克拉伦斯·斯坦（Clarence Stein）倡导的人车分流，但城市与外部连接上却严重滞后。在 1985 年常磐公路实现与东京直通前，筑波新城几乎可以被称为陆地孤岛，从筑波到东京没有直通的高速公路，铁路交通也相当不便。

为了缓解这一局面，早在 1978 年发布的《茨城县西南部地区交通体系建设规划调查》报告中就提及另建“第二常磐线”的必要性。1985 年召开的运输政策审议会上也肯定了“常磐新线”建设的紧迫性。1987 年由当时的运输省、一都三县（东京都、千叶县、茨城县、埼玉县）以及 JR（日本铁道集团）东日本公司成立了常磐新线建设委员会。1989 年 6 月，《大都市地区宅基地开发以及铁道整备一体化推进相关特别措施法》（简称宅铁法）的颁布，为确保铁路用地和平衡各方利益促进铁路建设和住宅开发打下坚实基础。1991 年 6 月，包括筑波市在内的 16 个地方公共团体以及 200 余家民间企业共同出资成立了首都圈新都市铁道株式会社。此项目从东京都千代田区的秋叶原至筑波市的吾妻二丁目，全长 58.3 千米，区间设立 20 个站，最快只需要 45 分钟。该线路于 1994 年开始动工，在 2005 年建成通车，被称为“筑波快线”。这成为筑波新城建设的一个重要的标志性事件。

---

① 《長靴と星空——筑波研究学園都市の十年》是 1981 年为纪念入住筑波新城 10 周年，由筑波研究学园都市生活记录会编写出版的一本书。“雨靴与星空”通常指入住筑波新城初期的艰苦环境——到雨季雨靴就成了出行必需品，到晚上除了公务员宿舍的灯光外便只有星空的光亮。

第三节　单一自治体形成后的新城发展期

筑波快线的开通绝不只是给新城增加了人口，更重要的是路线可以直达东京带来了经济活力的提升；独立行政法人制度则彻底打破了横亘在各机构之间的体制藩篱，一直备受期待的集聚效应得以显现。在新城努力摆脱“科学乌托邦”形象的过程中，2010 年筑波被指定为国家综合战略特区，赋予筑波的使命是引领日本的科技创新、提升日本的国际竞争力。这些恰恰是在中央政府与地方自治体通力合作的成果。

一、筑波快线开通带来的沿线发展与人口变化

2005 年 8 月 24 日筑波快线正式投入运营。快线运行的列车分为“快速”“通勤快速”“区间快速”和“普通”四种类型。其中速度最快的快速列车在筑波至秋叶原区间仅停靠 7 站，45 分钟即可从筑波抵达东京。筑波快线不仅承担了利根川以南的柏市、三乡市、八潮市等向东京方向的通勤任务，极大缓解了常磐线的高峰拥堵，还带动了茨城县南部地区面向开发的基础设施建设进程。筑波快线在筑波市共设立筑波、研究学园、万博纪念公园以及绿野四站，涉及萱丸地区、岛名・福田坪地区、上河原崎・中西地区、葛城地区以及中根・金田台五个沿线开发地区。此外，沿线开发还涉及茨城县南部的其他区域，如守谷市的守谷站周边地区以及守谷东地区还有筑波未来市的伊奈・谷和原丘陵地区。

当初建设筑波新城的重要目的之一是疏解东京都的人口压力。1971 年推出的《筑波研究学园都市建设规划纲要》中规划的新城人口规模为 20 万人。当时原筑波地区的人口约 8 万人左右，1955 年以来一直都是这个规模。伴随国立研究机构职员和家属的大量入驻，形成了第一波人口增长的高峰，并在 1980 年左右达到顶点。根据日本人口普查的统计，1980 年筑

波人口增长率达到 42.3%（详见图 1-2）。日本在 1998 年修订《研究学园地区建设规划》《周边开发地区整备规划（茨城县负责）》时，提出的目标是到 2030 年新城人口增至 35 万（其中，研究学园区 10 万人，周边开发区 25 万人）。从图 1-2 可以看出，80 年代中期筑波人口超过了 15 万人，2005 年超过 20 万人，2020 年将近 25 万人，距离规划目标还有很大距离。1980 年后人口增速开始下降，1985 年保持了 20%的增速，90 年代以来持续下降，到 2005 年增速降至 8%左右。2005 年筑波快线的开通人口增速一度上升，2010 年后增速再度下降，2020 年增速维持在 10%左右。

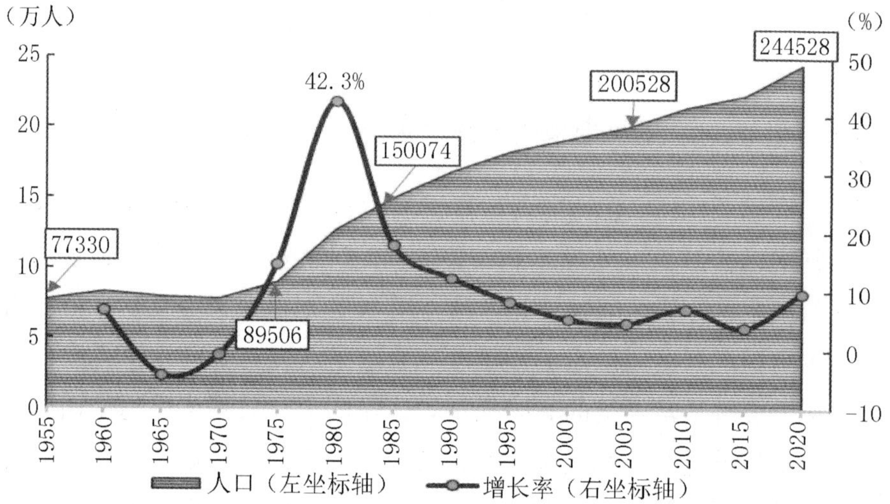

图 1-2　筑波地区人口变化轨迹（1955—2020）

注：人口数为 1955 年昭和町村大合并以来现筑波地区所在 6 町村（筑波郡的大穗町、丰里町、谷田部町、筑波町，新治郡的樱村，稻敷郡的茎崎村）居民人数；2020 年人口数依据的是茨城县的统计数据。

数据来源：依据日本总务省网站所载各次人口普查数据整理而得。

快线开通使筑波新城彻底摆脱了"陆地孤岛"形象，虽然筑波新城的人口增速并不是特别显著，实际上带来了沿线地区的更大的人口增速。表 1-1 的数据显示，快线开通后，筑波市 2020 年的常住人口与 2005 年相比，增长超过 23%，筑波快线沿线的筑波未来市和守谷市的人口增长超过了 27%，而茨城县的常住人口同期内减少了 4.5%，茨城县非沿线地区的人口减少了 7.7%。便捷的交通大幅缩小了筑波与东京的时空距离，提升了城市间人员移动的便利性，强化了新城与东京互动的城市发展格局。

表 1-1 筑波快线（TX）沿线地区人口变化测算表

市名	常住人口			人口普查(对比)		
	2005.8.1 (a)	2021.1.1 (b)	增减率 (b—a)/a	2005.10.1 (A)	2010.10.1 (B)	增减率 (B—A)/A
筑波市	199855	245958	23.1%	200528	214590	7.0%
筑波未来市	40247	51155	27.1%	40174	44461	10.7%
守谷市	53887	68885	27.8%	53700	62482	16.4%
TX 沿线	293989	365998	24.5%	294402	321533	9.2%
TX 沿线外	2693761	2486501	—7.7%	2648765	2648237	—1.2%
茨城县	2987750	2852499	—4.5%	2975167	2969770	—0.2%

注：筑波未来市是茨城县南部的一个市，成立于 2006 年 3 月，由筑波郡伊奈町与谷和原村合并而成。

资料来源：依据日本人口普查、茨城县统计数据整理而得。

当然，人口增加对筑波的最大意义在于自治权限的增加。筑波快线开通的 2005 年筑波人口超过了 20 万人，根据 2000 年修订版《地方自治法》的规定，已达到设立特例市的最低标准。经筑波市议会及茨城县议会审议通过，2006 年 12 月接受总务省指定，2007 年 4 月筑波市正式成为特例市。法律规定，特例市拥有都市开发及改造、制定屋外广告物相关规范、制定环保相关标准及规范的权限，包括《土地区划整理法》《城市规划法》《土地污染法》等十余部法律的权限已经全部或部分完成了从茨城县到筑波市的移交工作。

二、国立教育研究机构的独立行政法人化

新城建设期针对日本固有的筒仓文化，各方做出了种种破局尝试，上文已有分析，而真正打破省厅条块分割管理的最重要举措是在新公共管理（NPM）思潮影响下日本于20世纪末开始的独立行政法人化改革。2001年1月，伴随森喜朗内阁的成功改组，日本中央政府由原来的1府12省10厅成功“瘦身”成1府10省2厅，为独立行政法人改革铺平道路。同年4月首批57个独立行政法人正式设立。广义而言的独立行政法人也包括国立大学法人、大学共同利用机构法人等。2004年，日本开始推动国立大学独立行政法人化改革。

独立行政法人改革涉及筑波新城的大部分机构。新城的国立教育研究机构曾一度增加到47所（1987年10月），后经若干次的新设与重组总规模减至独立行政法人改革前的45所。2001年4月首批独立行政法人设立使得筑波的国立机构大幅缩减到34所。后经2002、2006、2011以及2016年的四次重组整合，目前（2021年6月）筑波新城的国立教育研究机构已精简为29所，其中17所为独立行政法人（不包含广义上属于独立行政法人的2所国立大学法人和1所大学共同利用机构法人）。这17所独立行政法人包含国立研究开发法人13所（其中3所为特定国立研究开发法人）、中期目标管理法人3所以及行政执法法人1所。

独立行政法人的设立宗旨是在保证公共利益的基础上，提升原属国家的机构提供公共服务的效率与品质，进而促进政产学研的有效融合。该制度的核心理念是“提供高效的行政服务”，简单来讲就是放权、减少不必要的干预。由于实现了政府决策（规划）职能与执行（实施）职能分离，各主管省厅与相关机构的关系由传统的隶属关系转变为契约关系，从而切断了由上至下的垂直统辖；组织架构上实行首长负责制，机构领导人遵循与机构设立相关的法令决定内部组织机构的设立与管理，在业务经营、资金运用与人事安排上具有相当的自主权；相关省厅对于独立行政法人的监管

也从原来的事前约束改为事后评估，采取总务省与主管省厅的双层绩效评价，即总务省的“独立行政法人评价委员会”和设置于各省厅的“独立行政法人运营评价委员会”的评价体系，绩效评价组织的成员均由独立的民间有识之士担任，保证了评估的公正性；财务会计制度方面，作为独立行政法人主要资金来源是运营费交付金，采取各机构制定预算由政府拨付的形式，不限定详细用途，独立行政法人可以根据需要在财政拨款范围内调整预算。会计制度上原则采用企业会计制度，进一步提升了独立机构的自主运营权限；人事制度上，职员身份虽然实行了国家公务员和非国家公务员并存的体制，但逐步削减了公务员身份员工占比。

在该制度下，筑波的教育研究机构还实现了有效的资源整合。最为典型的是作为特定国立研究开发法人之一的产业技术综合研究所（简称产综研）。产业技术综合研究所作为三家特定国立研究开发法人之一是日本在2015年从31家国立研究开发法人中选拔出的（另两家为同样设在筑波新城的物质材料研究机构和理化学研究所），旨在最大限度地集聚人才和各种资源、打造引领日本科技创新活动的核心机构、开展世界最高水平的研发活动、解决日本发展面临的重大问题。产业技术综合研究所作为日本最大的研究机构，汇聚了原通商产业省下属的15个研究所的研究力量，现有研究人员近3000人，其中筑波本部（研究中心）拥有7成以上的人员和设施，覆盖了材料、地质、生命科学等7大领域。而另一典型是隶属于农林水产省的农业与食品产业技术综合研究机构。经过2001、2003、2006以及2016年四次机构整合后，该机构除总部外现有直属研究中心6个（其中四个为基础研究部门），专项研究部门11个，区域性研究中心5个，共有职员3300余名，其中1800多人为研究人员。日本设立这种巨无霸型研究机构目的就是形成2001年《第2期科学技术基本计划》中提出的建设“知识集群”目标，文部科学省于2002年开始实施了为期15年的“知识集群计划”。相近领域的资源与科研力量整合更有利于解决资金和人才分散、机构设置重叠以及研究课题重复等问题，也有利于发展代表日本整体科技水平的基础性与创造性研究，形成科研国际竞争力的内核。

三、依托国家战略区助推自治体创新创业发展

2010年6月18日，日本内阁府推出了《新成长战略》，目的在于寻求制度政策上的突破，引领日本经济走出长期低迷。创设“综合特区制度”是实施《新成长战略》的重要举措之一。综合特区包括“国际战略综合特区”和“地方活力提升综合特区”两种类型。首批指定综合特区共计33个，其中“国际战略综合特区”7个，“地方活力提升综合特区”26个。经自主申请与后续高标准的严格评定，筑波于2011年12月入选首批“国际战略综合特区”。筑波国际战略综合特区申请主体为茨城县、筑波市以及筑波大学，特区旨在依托筑波新城集聚的科学技术资源，推进生命科学创新和绿色创新。筑波对标“新成长战略”的重点发展领域，结合自身优势确立了“新一代癌症治疗技术（BNCT）开发应用”“生活服务机器人实用化”“创建筑波纳米技术全球创新基地（TIA）”“推进革命性机器人医疗器械和医疗技术的实际应用，构建全球支点”等9大项目。

为扶持各“国际战略综合特区”的建设与发展，日本政府不仅在规制（法律、政令、省令）上进行了制度创新，还在财政、金融、税收等方面采取了有力措施予以支援，如在特区创始的2011年就针对《建筑基准法》《财政补贴规范法》《工厂布局及企业布局促进法》等多项法律创设了“特例措施”，以突破原有的制度限制；财政方面制定了专项扶持措施，除要求相关省厅在财政预算额度方面的重点支持之外，还设立了“综合特区推进调整经费”，旨在弥补相关省厅预算不足，每年对每个特区最高补贴上限为20亿日元；对特区认定的规划项目实行法人税抵扣制度（依据投资额、折旧率或收入三种方式计算任选其一）；金融方面对满足条件的金融机构实施利息补贴。当然，最大的革新莫过于依据《综合特别区域法》创设的“国家与地方协议会”。协议会中央一侧成员包括内阁官房长官、内阁府特命担当大臣、总务大臣、财务大臣等，有时首相也会指派国务大臣；地方方面包括六大团体，即全国知事会、全国都道府县议会议长会、全国市长会、

全国市议会议长会、全国町村会、全国町村议会议长会。这一机制有利于中央与地方顺畅沟通，确保各特区经地方协议会提出的政策及制度改革方案能及时得到回应。对特区实行定制化的政策扶持，不仅以创设“特例措施”的形式突破原有法规的限制，对政令和省令也可按照特事特办原则进行相应调整，充分利用了地方政府制定相关法律条例的自治权限。

在国家战略的引领下，各省厅及各层级的地方自治体也跟进采取了相应措施。如文部科学省于2016年推出《区域创新生态系统构建计划》，筑波成为首批入选的4个地区之一，其申请的“基于医疗先进技术资源构建超智能社会项目”可连续5年每年获得最多1.4亿日元的重点扶持资金。为迎合国际战略综合特区建设需要，2011年筑波大学创设了筑波全球创新推进机构（TGI）。2014年该机构升格为社团法人。筑波市基于《产业竞争力强化法》制定的创业扶持计划也于2014年获得国家认定通过，构筑起以筑波市商工会、产综研、筑波大学等六大机构为核心的“筑波创业扶持网络”；2018年筑波市又出台了《筑波初创企业战略（2018—2022）》，针对初创企业从创业意愿期到成长期5个阶段面临人才、资金等方面的23个课题，逐一匹配具体措施。此外，日本政策投资银行（旧日本开发银行）、日本政策金融公库等国家政策性融资机构，地方银行以及民间投融资机构组成的多元化投资体系，在资金融通方面也助力了战略特区企业尤其是风险企业的发展。如此一来，形成了由中央与地方政府，筑波大学、产综研等国立教育科研机构，风险企业为代表的创新型企业，金融机构以及服务型社会组织多方合力打造筑波创新创业发展的良好局面。

参考文献

［1］河中俊，金子弘・筑波研究学園都市の現状と諸課題にみる都市形成過程上の問題［M/OL］.2015-12-22［2021-7-17］. http://www.nilim.go.jp/lab/bcg/siryou/tnn/tnn0815.html.

［2］三井康壽.「筑波研究学園都市論」. 东京：鹿島出版会，2015.
［3］礒崎初仁，金井利之，伊藤正次. 日本地方自治 . 刘青松，译. 北京：社会科学出版社，2010.
［4］孙艳艳，张红，张敏. 日本筑波科学城创新系统构建模式研究［J］. 现代日本经济，2020，231（3）.
［5］刘平，陈建勋. 日本“国际战略综合特区及其制度政策创新”［J］. 现代日本经济，2016，206（2）.
［6］钟坚. 日本筑波科学城发展模式分析［J］. 经济前沿，2001（09）.
［7］白雪洁，庞瑞芝，王迎军. 论日本筑波科学城的再创发展对我国高新区的启示［J］. 中国科技论坛，2008（09）.
［8］马永斌，刘帆，王孙禺. 科学园区大学主导与政府主导模式的利弊分析——基于剑桥科学园与筑波科学城的对比［J］. 科技管理研究，2010，30（06）.

第二章　巴西两次迁都与巴西利亚建设研究

巴西历史上有过三个首都，经历了两次迁都。第一个首都是萨尔瓦多(1549—1763年)，它是巴西在殖民地时期总督府的所在地。1763年巴西的首都迁到了里约热内卢，这是一个东南部沿海地区的港口城市。1960年巴西在中部高原全新建造了新的城市——巴西利亚，成为现在的首都。本章首先分析巴西早期的两个首都和巴西第一次迁都的情况；其次，从历史发展的角度梳理巴西迁都内陆的构想，并在此基础上说明巴西利亚建设的过程；最后，结合巴西第二次迁都的情况，总结巴西利亚建设的经验，并进一步分析其城市建设中存在问题。

第一节　从萨尔瓦多到里约热内卢

位于巴伊亚地区的萨尔瓦多是一座历史悠久的城市，也是葡萄牙殖民者在巴西建设的第一个首都。随着17世纪末米纳斯吉拉斯金矿的发现和葡西两国对拉普拉塔河流域的争夺日趋激烈，里约热内卢在巴西的地位日益突出。1763年葡萄牙国王决定将首都从萨尔瓦多迁到里约热内卢，巴西完成了第一次迁都。

一、殖民地时期巴西的第一个首都——萨尔瓦多

1492年哥伦布发现美洲新大陆之后，西班牙和葡萄牙两国在探寻新的

海外航线上出现了比较激烈的竞争。为了调节葡萄牙和西班牙争夺新土地的纠纷，1494 年 6 月 7 日，在罗马教皇亚历山大六世的仲裁下，葡西两国签订了《托尔德西里亚斯条约》，双方同意在佛得角以西 370 里格（league，1 里格约为 3 英里）处划界，大约位于西经 46°37′，被称为“教皇子午线”。根据该条约，在这条线以东发现的所有地区属于葡萄牙，而在这条线以西发现的所有地区属于西班牙。此时，巴西所在的这块土地虽然还没有被发现，但是在《托尔德西里亚斯条约》的规则下它属于葡萄牙领地。1500 年 4 月 22 日，葡萄牙航海家佩德罗·卡布拉尔（Pedro Álvares Cabral）发现了一块新陆地，并用“圣十字架”地或“圣十字架”岛（Ilha de Vera Cruz）来命名这块新大陆。后来，因为该地盛产用来做红色染料的巴西木被称为“巴西木之地”（Terra do Brazil），1511 年，“巴西”这个名字第一次出现在地图上。

由于在亚洲和非洲耗费了太多的精力，葡萄牙国王没有能力对巴西进行有效的殖民统治，因此决定采取“受赠人制度”（donatary system），即将其占有的土地划分为十五个“总督辖区”，分配给了十二个受赠人。这些受赠人不能将土地转让，但是可以由后代继承。由于殖民者缺乏约束、印第安人的攻击和法国人的竞争，绝大部分总督辖区经营得都不好，葡萄牙国王的第一次殖民统治失败了。与此同时，葡萄牙殖民者开始在巴西沿海地区种植甘蔗，形成了一些大型的甘蔗种植园，在此基础上出现了人口集聚区，开启了城镇的建设，这是巴西最早的城市雏形。这些城镇一般都是建在海岸沿线，一方面方便来自葡萄牙的殖民者船队停靠；另一方面殖民地受到印第安人攻击时殖民者可以通过军舰来进行增援。1548 年葡萄牙国王若昂三世收回了管理最好的总督辖区之一的巴伊亚总督辖区，试图建立一个中央集权政府，希望借此重新强化对葡属美洲的殖民统治。若昂三世任命托梅·德·索萨（Tomé de Sousa）为巴伊亚的总督，于 1549 年将巴伊亚的首府作为殖民地首府（一般意义上的首都）。这也是葡萄牙殖民者在巴西建造的第一座城市。这个城市的名字是萨尔瓦多（Salvador，全名 São Salvador da Baía de Todos os Santos，葡萄牙语意为“万圣湾边的圣萨尔瓦多”），位于东北部的沿海地区，但是巴西人很长时间都将萨尔瓦多直接称为巴伊亚。

由于萨尔瓦多的甘蔗生产需要大量劳动力，当地印第安人数量远远无法满足甘蔗种植的需要，1558 年第一批黑人奴隶被贩卖到了萨尔瓦多从事甘蔗种植工作。由此该城市形成了世界上第一个黑奴交易市场。同时，萨尔瓦多也是殖民地时期巴西与葡萄牙之间最主要的贸易中心。巴西东北部的烟草和蔗糖、南部的黄金和钻石都通过萨尔瓦多的港口运到欧洲，因此萨尔瓦多成为巴西、非洲、欧洲三角贸易的重要节点。此外，由于萨尔瓦多位于巴西海岸线中部且与非洲相对的地理位置，其也成为葡萄牙向其他殖民地派军的军事据点。

二、迁都里约热内卢

1502 年 1 月葡萄牙航海家贡萨洛·科埃略（Gonçalo Coelho）在巴西东南部沿海发现了一个海湾，以为这是一条河的入海口，于是他将此地命名为里约热内卢（Rio de Janeiro，葡萄牙语意为“一月的河”）。这位航海家并未在此逗留，直到 1565 年葡萄牙殖民者才开始在这里建城。随着米纳斯吉拉斯金矿的发现和开采以及南部咖啡种植业的发展，里约热内卢的经济地位越来越重要。1680 年萨克拉门托殖民地建立，葡萄牙和西班牙对拉普拉塔河流域的争夺日趋激烈，里约热内卢军事地位的作用开始显现。出于经济和军事原因，1763 年葡萄牙国王将殖民地首府从萨尔瓦多迁到了里约热内卢，使其成了巴西殖民地的新首府。1822 年，巴西第一任皇帝佩德罗一世宣布巴西独立，同时决定将里约热内卢定为首都。1889 年巴西联邦共和国成立，里约热内卢仍是巴西的首都。

里约热内卢是拉丁美洲最负盛名的城市，它依山傍海，既拥有极佳的自然风光，又有许多独具特色的建筑，这些建筑与自然景观融为一体，被人们称为“上帝之城”。19 世纪中期欧洲移民和废奴运动解放出来的奴隶大量涌入里约热内卢，使得城市人口激增。进入 20 世纪，里约热内卢开始出现住房紧张、交通拥挤、基础设施和城市服务不足等问题。从地理环境看，城市周边群山环绕的地理特征限制了城市的扩张。由于里约热内卢城市发展缺乏科学规划，新来的移民负担不起高昂的房价，只能搭建临时性住房，由此形成的棚户区规模越来越大，到 20 世纪这些棚户区逐渐成为世界上最大的贫民窟。此外，巴西独立以后，国内民族主义情绪高涨，里约热内卢作为从殖民地时期继承下来的首都越来越不能满足巴西人民展现民族独立的需要，因而开始出现了迁都的愿望。

第二节　巴西迁都内陆的构想与巴西利亚的兴建

从 18 世纪末到 20 世纪 50 年代，巴西从未放弃迁都内陆的想法，一代又一代的巴西人不断完善他们建设新首都的构想。1960 年巴西在戈亚斯高原建造了一座新城作为他们的首都，150 年来的愿望终于实现，巴西完成了第二次迁都。

一、巴西迁都内陆的构想

1789 年，巴西著名的独立运动领袖“拔牙者”（Tiradentes）约阿金·若热·达·席尔瓦·夏维尔（Joaquim José da Silva Xavier）首次提出在内陆地区建立首都的构想。1822 年巴西独立后，科学家和政治家若泽·博尼法西奥·德安德拉达·席尔瓦（José Bonifácio de Andrada e Silva）向议会提出将首都迁往内地的建议，一位巴西代表首次提出了“巴西利亚”（Brasília）这一地名，随后若泽·博尼法西奥在巴西立宪和立法大会的备忘录中再次提到了这一名称。但是，当时若泽·博尼法西奥建议在米纳斯吉拉斯州建立新首都，而非中部的戈亚斯高原。1889 年巴西共和国成立，1891 年巴西颁布了共和国成立后的第一部宪法，在宪法中正式提出要建设新首都。1892 年由比利时地理学家克鲁尔斯博士领导的勘探委员会在巴西中部高原戈亚斯州境内划出了 1.44 万平方千米的土地作为新首都的选址。克鲁尔斯博士为此提交了一份报告，指出这块区域有丰富的水源而且气候宜人，地形也非常适合修建大型建筑和宽阔的道路。该区域是 160×90 千米的矩形区域，该地区又被称为“克鲁尔斯矩形”。但是在此后的 50 年间，巴西在新首都建设方面并没有实质性的进展。

1946 年巴西颁布了新的共和国宪法，在这部宪法中不仅重新提出迁都意向，而且明确要求巴西总统在 60 天内成立由可靠的技术人员组成的委员会负责新首都的选址调研工作。巴西总统加斯帕尔・杜特拉成立了一个由 12 名委员组成的委员会，并任命贾尔巴・波利・科埃略将军为委员会主席。委员会认为新首都的核心功能是作为政治中心保证国家的统一，在地理位置上要便于与全国其他地区联络。经过两年的勘查，该委员会向巴西国会提交了两个方案：第一个方案的面积是 7.8 万平方千米，该区域是在“克鲁尔斯矩形”基础上的拓展，东部边界延伸到戈亚斯州、巴伊亚州和米纳斯吉拉斯州的交界处，北部边界扩大到查帕斯-多斯-维阿迪罗斯地区；第二个方案的面积只有 0.6 万平方千米，包括了米纳斯吉拉斯州的东部地区以及戈亚斯州的南部地区。经过 5 年的讨论，国会终于在 1953 年通过了一项最终划定联邦特区的法律，决定在南纬 15°30′到 17°，西经 46°30′到 49°30′的区域内确定新首都地址，面积约为 5.2 万平方千米。这个区域包括了几乎整个“克鲁尔斯”矩形区域和科埃略委员会第一个方案中的部分区域。1955 年最终将新首都的位置定位于中部戈亚斯州境内马拉尼翁河和维尔德河汇合而成的三角地带上。该位置南距巴西第一大城市圣保罗 865 千米，东南距当时的首都里约热内卢 900 千米。1956 年儒塞利诺・德奥利韦拉・德奥利维拉（Juscelino Kubitschek de Oliveira）就任巴西总统，开始着手建设巴西利亚城。

二、建设巴西利亚的主要原因

从提出迁都内陆设想到建设巴西利亚经过了 150 余年，巴西已经从一个殖民地国家发展成一个独立的现代化国家。促使巴西在 20 世纪 50 年代建设新首都的经济社会方面原因可以归结为以下几个方面。

（一）缓解里约热内卢城市发展的压力

随着巴西工业的发展，大量人口涌向里约热内卢，里约热内卢迅速发展为巴西的第二大城市，也成为南美洲最著名的城市之一。但由于里约热内卢的城市化进程是在缺乏规划的背景下推进的，交通拥挤、住房短缺的情况逐渐显现。里约热内卢没有圣保罗工业发达，能够吸纳的劳动力人口有限，导致非正规就业比重居高不下，在没有足够收入保障的条件下，人们只能通过违章的棚户建筑来解决住房问题，最终导致里约热内卢出现了世界上最大的贫民窟，随之而来的是犯罪率高企等社会问题。而且，里约热内卢地处东部狭窄的洼地平原区，城市向外扩张的空间有限。如果不进行城市功能的疏解，“大城市病”根本无法得到缓解。

（二）促进巴西中西部经济发展

根据地理位置和经济联系，整个巴西被分为五个地区：北部地区、东北部地区、东南部地区、南部地区和中西部地区。自殖民地时期以来，收入和经济增长不平衡一直是巴西经济的一个特征。巴西的大部分人口主要分布在东南部和东北部的沿海地区，这两个地区也是巴西经济最发达的地区。而中西部地区所在的内陆地区人口少、经济也比较落后，但资源储备丰富，具有巨大的发展潜力。当时的巴西政府希望通过建设巴西利亚带动中西部内陆地区的经济增长，缩小内陆地区与沿海地区的贫富差距。

（三）带动巴西经济实现跨越式发展

巴西在 20 世纪 30 年代以后实施进口替代工业化战略，面向国内市场的工业部门逐渐成为带动巴西经济增长的主导力量。在内陆地区建设新首都，并以首都为中心建设辐射全国的公路交通网络，不仅可以增加内陆与沿海地区的联系，有利于形成统一市场，还可以促进耐用消费品如汽车和工业的发展，有利于为国内工业部门发展创造更好的条件。德奥利韦拉当选总统后，提出巴西经济发展的第一个“五年计划”，希望实现“5 年等于 50 年发展”的跨越式经济发展目标，其中一个重要的举措就是建设巴西的新首都巴西利亚。

（四）实现巴西各地区的团结与融合

无论是萨尔瓦多还是里约热内卢都是由殖民者为巴西人选择的首都，并没有体现巴西人自己的意愿，建设新首都的初衷是将新首都作为巴西独立的象征，希望以此来激发巴西人对巴西作为独立国家的认同感，这一愿望贯穿新首都的建设始终。巴西内陆地区的贫困程度也使得巴西联邦政府备受争议。20 世纪 50 年代，政府开始系统地研究减少巴西不同地区不平等的政策措施，旨在使中部的戈亚斯州内陆地区获得更多的政治资源，这也是选择在该地建设首都的原因之一。通过建设巴西利亚将内陆和沿海地区形成更紧密的联系，让不同地区的人们有更多的交往，以促进巴西人民的团结。

三、巴西利亚的建设与规划

1956 年，随着德奥利韦拉总统宣誓就职，巴西利亚建设进入正式规划和建设阶段。1956 年 8 月，巴西国会批准成立新首都城市化公司（Companhia Urbanizadora da Nova Capital，简称 NOVACAP），这是一家负责指导巴西利亚建设的政府公司。1956 年 12 月 2 日，巴西利亚机场开始动工，1957 年 4 月 2 日建成。机场建设也促进了城市街道、人工湖及主要城市基础设施的建设，打通或延伸了数千英里的区际高速公路。该地区与南部（贝洛奥里藏特、里约热内卢和圣保罗）、北部（贝伦）和东部（福塔莱萨、累西腓和萨尔瓦多）的城市逐渐连接起来。1960 年 4 月 21 日，巴西政府在新落成的三权广场举行了盛大的巴西利亚正式落成典礼。巴西将其立法、司法以及行政机构、政府各部门、外国使馆以及大部分联邦公共部门都迁往巴西利亚，里约热内卢则保留了其原有的经济功能。巴西的第二次迁都至此完成。

从城市布局来看，巴西利亚的主城区坐落于人工湖帕拉诺阿湖（Lago do Paranoa）半岛，从空中俯瞰就像是一个飞机形状，象征着速度与力量，体现了巴西国家腾飞的政治愿景。“机头”位置是三权广场，有总统府、最高法院和议会大厦。“机身”是城市的中轴线：“前舱”是政府各部大厦、广场和大教堂；“后舱”是文教区、体育城、电视塔等；“机尾”是火车站、工业区和印刷出版区；再往后是小型工厂。“机翼”为住宅区。“机翼”和“机身”连接处为中央商业区，设有商场、银行、饭店、国家剧院等商业服务设施。根据建设规划，巴西利亚的居住区采用了“标准化”模式设计了96个超级社区。每个超级社区基本都呈正方形，由约10栋层高相似的楼房组成。每4个“超级社区”组成一个“超级-超级社区”（super-super block）。这些社区共享教堂、学校、商店等社区服务设施。巴西利亚的住房类型主要是六层高的公寓，也有一些廉价的三层公寓楼和二层联排房屋和平层房屋。这些住房多是由政府建造出售。巴西利亚建设初期，为了鼓励政府雇员搬迁，这些公寓定价较低，后来主要按照成本价进行销售，而且可以分期付款。此外，在湖边区域也有一些单独设计的独立住宅，这些住宅都是单独购买土地进行设计建造的，造价较高。无论是规划理念，还是建筑风格，巴西利亚都是当之无愧的“前卫之城”。

目前，巴西利亚是八条联邦公路的交汇点，加强了与圣保罗和里约热内卢等沿海大城市的联系。以贝伦到巴西利亚的公路为代表的新高速公路还连接了北部的热带雨林区以及周边邻国，极大地改善了通往北部亚马孙雨林的交通条件。巴西利亚机场也成为连接巴西南部和北部城市航班的中转站。这些以巴西利亚为中心的基础设施建设极大地改善了巴西的面貌，加强了巴西国内各州间的联系，促进了人口及经济向内陆地区流动，为后来的经济腾飞做好了准备。迁都后的半个世纪以来，巴西在全国范围内的人口分布更均衡了，内陆地区得到了显著发展。1987年12月7日，联合国教科文组织宣布巴西首都巴西利亚为“世界文化遗产”。巴西利亚诞生仅27年，成为地球上“最年轻的世界文化遗产”。对许多巴西人来说，这座城市是巴西未来发展的象征，它体现了通过开发欠发达的广阔内陆来克服长期经济和社会问题的民族意志。

第三节 巴西利亚建设的经验及其存在的问题

巴西利亚这座专门修建的城市，既有着令人称赞的精妙设计和前卫建筑风格，也因其过于现代主义的城市规划而饱受争议。对巴西利亚建设的经验进行总结，分析其中存在的问题，对于未来新城市的建设具有借鉴意义。

一、巴西利亚建设的经验

从世界范围来看，巴西利亚都是一个极具特色的城市，它的建设在巴西历史上画出了浓墨重彩的一笔。纵观巴西利亚的建设过程，其建设模式具有以下特点：

（一）城市建设立法先行

1891 年的巴西宪法中首次提出建设新首都计划，并通过法案批准在巴西的中部高原勘测和规划建设新首都的土地。1922 年巴西政府批准了迁都法律。1946 年巴西制定了新的宪法，规定巴西总统在 60 天内要成立委员会负责指导新首都的选址调研工作。1953 年通过了一项最终划定联邦特区的法律，规定要在两年内确定建设巴西新首都的具体位置。1955 年确定了现在巴西利亚的选址。1956 年开始建设巴西利亚。从这里可以看出，巴西迁都的任何过程均有法律法规的依据，这就保证了巴西利亚建设的持续性和稳定性。从建设新首都计划的提出到最终建成并完成首都功能的转移，经过了 80 多年的时间，经历了政治上的更迭和经济上的动荡，但仍然能够完成巴西首都功能的疏解，立法是最重要的保障。

（二）先规划再建设

1957 年，当时已经被任命为公共建筑和样板房屋总设计师的奥斯卡·尼迈耶（Oscar Niemeyer）组织了一次巴西利亚城市规划大赛，所有在巴西注册的建筑师、工程师和城市规划专家都可以参加比赛，最后巴西著名设计师卢西奥·科斯塔（Lucio Costa）的方案从 26 个参赛方案中脱颖而出，赢得了这次比赛。巴西政府还邀请参加过建设联合国大厦的巴西著名设计师奥斯卡尔·尼梅尔（Oscar Niemeyer）担任总建筑师，对巴西利亚建设进行前期规划。可以说，巴西利亚是世界上第一个先规划后建设的首都。科斯塔为巴西利亚作了详细的规划，指明住宅区和商业区的分布，又限制工业区的位置，以及若干重要建筑物的选址和建设高度等问题。巴西政府严格限制主城区的开发利用，城内不准新建住宅区，新增的居民只能居住于城外的卫星城。

（三）城市建设机构市场化运营

1956 成立的新首都城市化公司（NOVACAP）是一家负责管理和协调巴西利亚建设的政府企业。组织机构的建设和职能的转变也是巴西的特色之一。1956 年成立的新首都城市化公司在 1960 年巴西利亚市政府成立后，成为市政体系的一部分，后来成为一个中央政府与地方政府合营的公共服务公司：巴西联邦政府持有公司 48％的股份，巴西利亚联邦区政府持有 52％的股份，主要承担巴西利亚市政建设，而其原有的规划咨询功能则转移到了新成立的联邦特区规划公司。

（四）建设资金来源多样化

巴西利亚的建设工程浩大，从新建到落成全部投资大约是 6 亿美元，到 1966 年追加到 10 亿美元。巴西利亚建设的资金来源主要包括：财政拨款，主要用来建设巴西政府建筑和公共基础设施；来自于政府资助的基金会（这种基金会在巴西相当于工会和社会保障体系的混合体，每个基金会从雇员的工资中扣除一部分作为向社会提供养老金、医疗保险和住房的基金，这些基金手里有大量资金，承担了很多城建工作），主要完成居民区的建设工程；国内金融机构资金，由政府储蓄银行、公众住房基金会和巴西国家银行提供，主要用于住宅建设；外国优惠贷款，美国进出口银行向巴西提供了贷款购买建造巴西政府部门大楼所需的钢材；出售土地获取资金，新首都城市化公司在巴西的主要城市设有办事处，依靠出售巴西利亚土地获取资金，解决政府预算资金不足的问题。

（五）通过卫星城实现城市扩张

巴西政府严格限制对主城区的开发利用，城内不准新建住宅区，新增的居民只能居住于城外的卫星城。巴西利亚主城区的房屋价格较贵，普通工薪阶层往往无法负担高房价。随着城市的不断扩张，巴西利亚建设了18个卫星城，为居民提供廉价舒适的住房，但卫星城的市政设施建设远落后于主城区，每天往返于主城区和卫星城之间的通勤，也极大加重了巴西利亚的城市交通压力。

（六）注重城市绿化和生态保护

巴西利亚整个城市依帕拉诺阿湖而建，城内有多条河流通过，水资源相当丰富。科斯塔遵循柯布西耶“把城市定位在公园”的理念，利用帕拉诺亚河围造人工湖，呈“人”字环抱大半个巴西利亚，并在市区内开辟一系列的国家公园、自然保护区、环境保护区，将当地自然要素融入城市景观。在建设过程中，巴西利亚专门立法对城市绿化进行规范，要求每个街区中央和四周以及私人住宅的前后都必须有一片草地，种植花草和树木。巴西利亚的绿化率超过了60%，人均绿化面积高达100平方米，是世界上绿化程度最好的城市。

二、巴西利亚建设和运营中存在的问题及其原因

巴西新首都建设在取得上述成就的同时，其高额的建造成本和超前的建筑风格在巴西也引发了巨大争议。随着时间的推移，巴西利亚快速建设的后果开始显现，混凝土广场出现了裂缝、低收入者住房条件不断恶化。伴随迅速、不受控制的人口增长带来的社会问题和基本服务供给的不足，巴西利亚也开始出现大城市所共有的一些问题。21世纪初，巴西利亚为了解决人口剧增问题而制定的计划仍没有取得预期的效果，整个城市逐渐形成了两个空间隔离的社区：一个是中心规划城市，人口大多是富人；另一个是不断扩张的未规划的外围地区，成为中低收入阶层生活的区域，缺乏

足够的城市基础设施和市民服务。此外，巴西利亚在发展过程也面临一些环境保护问题，例如帕拉诺阿湖的污染越来越严重，巴西利亚政府不得不建设一个水处理项目以改善湖水水质①。2014 年，巴西为举办世界杯耗资数百万美元在巴西利亚建造了马内加林查体育场（Mané Garrincha stadium），但是由于巴西利亚缺少一支高水平的职业足球队，建成后的几年里，新体育场的使用率明显不足。

巴西利亚在建成后出现的各种问题，往往源于多种原因。

（一）城市规划缺乏足够的前瞻性

巴西利亚在进行规划设计的时候对城市扩容问题考虑不足，没有预留出城市扩张的空间。巴西利亚最初规划设计能够容纳的人口仅为 50 万，后来扩展到了 120 万，但到 2000 年巴西利亚的居住人口就已经达到了 200 万。由于城市中心区域功能划分非常严格，根本无法修建更多的住宅容纳新增人口，所以只好通过兴建卫星城方式解决居住问题。但是科斯塔的规划只涉及主城区，卫星城建设并没有整体规划。居住在卫星城的那些巴西工薪阶层没有能力负担较贵的公寓，他们最初居住的是木质棚屋。同时由于建设资金严重不足，政府无法为卫星城提供足够的基础设施，因此多数卫星城建设杂乱，甚至出现了大量的棚户区。巴西利亚建设之初的目标之一是建造一个没有贫民窟的城市，但是卫星城却成了另外一种形式的“贫民窟”。卫星城和主城区之间，卫星城之间也缺乏便利的公共交通网络。人们在外围生活，每天又要到中心城区工作，保持着一种“钟摆式”的通勤模式，对城市交通造成了巨大压力，导致巴西利亚交通拥堵问题比较严重。

（二）功能区缺乏宜居性

巴西利亚在进行城市规划时，更多考虑的是体现城市规划设计的现代性，在宜居方面考虑不足，没有建设足够的生活设施。自殖民时代，巴西的广场和拥挤的“街道”就是市民生活的场所。人们在这些地方购物、会面、聚餐等，是进行社会化活动的重要场所。但是在巴西利亚的规划中，

① 到 20 世纪 90 年代末，帕拉诺阿湖再次成为一个受欢迎的休闲区域。

缺乏这些广场和“街道”，只有整齐划一的商业区，并不能满足人们日常聚集的需要。当然，巴西利亚拥有一个开阔的三权广场，但那里是政府办公区并不是人们日常生活休闲的场所。巴西利亚也没有巴西人传统的购物场所——露天市场，从某种意义上说巴西利亚现代化十足，却与传统无关，这是一座没有历史文化传承的城市。

（三）迁都模式对改善经济发展不平衡的作用有限

巴西政府希望通过建设新首都的方式来促进巴西内陆地区的经济发展，以缩小内陆地区与沿海地区经济发展的差距。但是巴西的迁都主要是将里约热内卢的政治功能转移到了巴西利亚，里约热内卢的经济功能没有发生变化。巴西利亚在建设过程中，一直强调创造良好的城市环境，不主张发展大规模的工业生产，主要强调作为连接内陆与沿海地区交通枢纽的功能，因此对内陆地区经济发展没有起到当初预期的效果，巴西经济发展地区不平衡问题没有得到根本改变。原来的首都里约热内卢依然保留了原有的经济功能，仍旧是巴西经济最发达的城市之一，并没有在迁都过程中出现大规模的人口转移，人口规模仍然持续扩大，并没有因巴西利亚的建设而缓解它的“大城市病”。

（四）城市建设预算管理混乱

在巴西利亚建设过程中，其建设资金来源多样化，政府没有对这些建设资金进行统一的预算管理，存在资金使用不透明、不规范的情况，从立法层面看缺少有关巴西利亚建设预算管理方面的法律。这最终导致巴西利亚的建设成本远远超出了当初的建设预算，造成巴西政府公共赤字猛增，被看作是 20 世纪 60 年代巴西通货膨胀加剧的重要原因之一，在巴西国内引发了较大争议。

参考文献

［1］E. 布拉德福德·伯恩斯. 巴西史［M］. 王晓龙，译. 北京：商务印

书馆，2013.
[2] 刘文龙，万瑜. 巴西通史 [M]. 上海：上海社会科学院出版社，2017.
[3] 诺玛·伊文森. 巴西新老国都：里约热内卢和巴西利亚的建筑及城市化 [M]. 北京：新华出版社，2010.
[4] 苏振兴. 拉丁美洲的经济发展 [M]. 北京：经济管理出版社，2007.
[5] 詹姆斯·C. 斯科特. 国家的视角：那些试图改善人类状况的项目是如何失败的 [M]. 王晓毅，译. 北京：社会科学文献出版社，2019.
[6] 石晓风，魏薇. 巴西利亚城市设计的人性化与形式美思考 [J]. 华中建筑，2011，29 (4).
[7] 方铭迪. 巴西利亚城市发展战略初探 [J]. 城市规划，1984 (1).
[8] 范和生，唐惠敏. 社会发展战略：巴西迁都引发的思考 [J]. 拉丁美洲研究，2015，35 (6).

第三章　韩国首都圈行政功能疏解与世宗新城建设

韩国为疏解首都圈功能经过了长期的探索过程，从 20 世纪 80 年代开始向首尔周边的果川市和大田市迁移，再到 21 世纪以来建设世宗行政中心复合城市，前后 50 多年的疏解历程，既有成功的经验，也存在一些问题。本章首先分析韩国疏解首都行政功能的背景以及探索的历程，其次研究世宗市建设和发展的历程，最后总结韩国疏解首都行政功能中的经验和教训，以期对我国产生有益的借鉴。

第一节　韩国疏解首都行政功能的背景及其探索

首都往往因聚集众多政治、经济、文化等资源而成为一个地区或一个国家的重要城市，并带动周边地区发展进而形成首都圈。庞大的城市规模在拉动城市快速增长的同时也带来一系列发展中的问题，因此，首都功能疏解也就成为治疗大城市病的首选药方。行政职能是一国首都的中枢职能，首都行政功能的疏解将带来信息、机会、投资、公共服务和民间服务的分流，有利于促进各地区的均衡发展。

一、韩国疏解首都行政功能的背景

韩国位于亚洲大陆东北朝鲜半岛的南半部。20 世纪 60 年代开始，韩国的经济发展实现了从进口替代的内向型经济向出口导向的外向型经济的转换。70 年代作为“四小龙”之一，韩国成为新兴工业化国家。1991 年韩国国民生产总值和人均国民生产总值分别为 2808 亿美元和 6498 美元。1996 年韩国被正式接纳为经济合作与发展组织（OECD）的第 29 个成员国，跻身世界中等发达国家行列，创造了举世瞩目的“汉江奇迹”。伴随“汉江奇迹”的是韩国首都圈的崛起，同时首都圈在发展过程中也产生了多种问题。疏解首都功能则成为韩国政府解决问题的突破口。

（一）首都圈所有功能聚集，城市化问题严重

首尔市（Seoul）① 不仅是韩国的政治、经济、文化中心，而且是世界第七大都市。20 世纪 60 年代首尔人口为 240 多万人，到 20 世纪 90 年代人口猛增到 1060 万人，年均增长率达到 11%。首尔市面积仅占全部国土面积的 0.6%，却居住着约全国 21%的人口，每平方千米 1.7 万人的人口密度在全球也名列前茅。韩国的政治、经济和大学科研机构也集中在了首尔——前 100 企业中 90%多的大公司、84%的中央行政机关、65%的大学、56.7%的制造业都集中在首尔，并聚集了绝大部分的人才、企业、医疗、教育、资本等优良资源。

首尔都市圈由首尔、仁川和京畿道三个行政区组成，占韩国国土面积的 11.8%，在 20 世纪 90 年代聚集了全国近一半的人口和 70%的国民生产总值。一半以上的制造业企业集中在首都圈，三星、LG、现代、起亚等大财阀的总部也都设在首尔，众多跨国公司、国际组织也大都在首尔设立分支机构。众多优质资源在首都圈聚集，在带动当地经济快速发展的同时也带来了一系列社会问题，比如首都地区的房地产价格上涨、住房短缺、交通堵塞、环境污染、城市生活舒适度下降等，并在一定程度上降低了首尔都市圈的运行效率和竞争能力。首都居民在生存质量下降的同时，还得承担越来越高的生活成本。首尔房价是韩国所有城市中上涨速度最快的，在首尔部分地区，房价上涨率最多达到了通货膨胀率的 7 倍。韩国政府认为首都的行政功能是导致人口聚集的主要因素，因此公共行政机构的外迁可

① 由于历史原因，我国在 2005 年之前一直将韩国首都称为汉城，2005 年改称“首尔”。

以减轻首尔都市圈的整体负担，提高城市的国际竞争力。

（二）区域发展不平衡，首都圈虹吸效应严重

1962—1996 年韩国的工业化采取的是非均衡发展战略，广大的中部地区发展受阻，北部的首尔经济圈和南部的釜山经济圈获得了飞速发展，尤其是首都圈发展非常迅速。这一方面是由于历史上在日本殖民时期就运用行政手段推进产业向首尔地区集中，城市基础设施和公路铁路建设也都集中在了首尔地区；另一方面，在 70 年代韩国经济腾飞时期，首都圈又得到了优先发展，使首都圈与其他地区发展的不平衡性得以加剧。

首先，首都圈的经济占比不断提高。20 世纪 90 年代，韩国百强企业总部的 91%，五百强企业总部的 83%，三千强企业总部的 72%都集中在首尔首都圈地区。韩国国土研究院曾对企业进行了问卷调查，在“为何不把总部从首都转移到地方的理由”选项中，50%左右的企业选择“首都行政功能集中”，30%左右的企业选择“信息集中”，5%左右的企业选择了“权力集中”。可见，行政机构和各类因素的高度集聚，导致了首都圈和非首都圈经济发展的严重不平衡。据韩国国家统计网站数据显示，韩国首都圈的 GDP 占韩国 GDP 的比重由 1985 年的 42.0%，增长为 2012 年的 47.1%，而非首都圈则由 58.0%降低为 2012 年的 52.9%。

其次，人口分布严重失衡。表 3-1 显示了首尔都市圈的人口变化情况。1965—1970 年，韩国人口净增加数的 76%集中在首尔。1970 年首尔人口占全国总人口的 18%，其中 70%来自农村。从首都地区人口转移情况看，1985—1990 年，迁往首都地区的人口有 155 万，迁出的有 62 万；1995—2000 年，迁往首都地区的人口为 113 万，迁出的为 88 万。首都圈的人口占韩国总人口的比重由 1985 年的 39%增长为 2010 的 49%，非首都圈的人口则由 61%减少到 51%。

表 3-1 1960—2010 年韩国首都圈人口规模

年份	总人口（千人）	首尔人口（千人）	首都圈人口（千人）	首尔人口占总人口比（%）	首都圈人口占总人口比（%）
1960	24989	2445	5194	10	21
1966	29160	3793	6896	13	24
1970	31435	5525	8879	18	28
1975	34679	6879	10914	20	31
1980	37407	8351	13281	22	36
1985	40420	9626	15803	24	39
1990	43390	10603	18574	24	43
1995	44554	10217	20159	23	45
2000	45985	9854	21258	21	46
2005	47041	9763	22621	21	48
2010	47991	9631	23460	20	49

数据来源：韩国统计厅网站。

第三，高附加值产业主要集中在首都圈。韩国区域经济发展不均衡不仅体现在 GDP 和人口分布，还体现在区域产业结构方面。随着经济发展水平的提高，以标准化生产技术为主的制造业逐渐向地方乃至海外转移，而服务业以及文化产业等近 2/3 的高附加值行业则集中在首都圈。除此之外，全国存款的 70.2%、R&D 的 67.1%、财产税的 66.5%都集中在首都圈。总之，行政、政治、经济、文化、教育等国家核心功能和财富的 80%以上集中在首都圈。销售额前 10 位大企业的 90%、前 100 位企业的 84%、前 1000 位企业的 70.7%，全国排名前 20 位的大学中 16 所大学，都集中在首都圈。首都圈企业的股价总额占韩国股票价格指数的 87.7%，占韩国科斯达克指数的 74.3%。

（三）出于军事安全考虑，需要疏解部分首都功能

除了首都圈经济集中引发城市化问题及非均衡经济发展等原因，韩国政府选择行政功能向中部疏解的一个特殊原因是首尔特殊的地理位置。自

20世纪中期开始，朝鲜与韩国关系长期紧张对峙，纷繁复杂的国际形势使半岛多次徘徊在战争的边缘。首尔距朝韩军事分界线仅40千米，全域处在朝鲜的炮火威胁之下。一旦发生战争，聚集了绝大部分韩国人口和财富的首尔可能毁于一旦。首都圈的过度膨胀，进一步增加了韩国军事安全的脆弱性。因此将首都圈的人口、财富和重要政府机构向地方分散成为韩国保护国家安全的首要选择。随着2006年驻韩美军的战略调整，尤其是美军从首尔周边向韩国中部腹地南撤，距北部“三八线”仅40千米的首尔有失去往日安全防护之虞。一旦有事，首尔势必危如累卵。因此，从维护国家安全及增加战略纵深的需要上看，部分首都功能南迁可以大大提高韩国的安全系数。

二、韩国疏解首都行政功能的探索

韩国迁都构想最早始于朴正熙时代。1977年，朴正熙政府制定了名为“白地计划”的报告，阐释了韩国迁都的理念、计划、目标和方向等，并选定位于忠清南道公州市的长岐作为半岛统一之前的新首都所在地。朴正熙遇刺导致了该计划搁浅。最终实现首尔行政机构向首都圈内其他城市的搬迁是20世纪70年代向果川和大田市的搬迁。

（一）部分中央行政机构从首尔到果川

首都圈内行政功能的疏解主要是部分中央行政机构移出首尔，入驻京畿道的果川市。果川市距离首尔不足20千米，为了避免受到朝鲜的军事打击以及解决首尔人口的集中问题，朴正熙政府于1979年开始建设果川政府办公大楼。从1982年开始中央政府机关分阶段移驻果川市，财政经济部、产业资源部等经济部门迁入，截至2011年5月中央政府有8个部级单位入驻果川市，果川市被称为“第二首都”。由于果川市位于京畿道，地理上还是属于首都圈范围，在缓解首都圈过密问题上不但失去了功能发挥的空间，而且自身成了新一轮被疏解的对象，首都圈行政功能外迁世宗市就包括果川市的全部中央行政机关。

（二）部分中央行政机关从首尔迁至大田市

大田市位于韩国中部的忠清南道，距离首尔 140 多千米。将部分比中央机构低一级的政府部门迁入了大田市，是当时韩国政府缓解首都圈过密问题、发展地方经济计划的重要一环。首尔部分机构向大田市的搬迁分为三个阶段。第一阶段始于 1973 年，韩国中央政府将抑制首尔人口增长变更为首尔人口向地方转移，并通过经济计划院确立了搬迁计划。当时搬迁的有 22 个中央行政机构和 23 个国有企业。第二阶段始于 1980 年，经济计划院将搬迁较为容易、人口疏散效果比较大的单位确定为搬迁对象，韩国电子通信院等 6 个政府出资的研究机构搬迁到了大田。这次搬迁为大田大德研究园区的形成奠定了基础。第三阶段始于 1985 年，当时的总务处从国家均衡发展和首都圈人口疏散的目的出发，选定了 11 个职能比较独立、涉及地方事务较多的中央行政机构为搬迁对象。

第二节　行政中心复合城市世宗市的建设

为了更好地解决首尔都市圈过密、国家安全及经济均衡发展等问题，韩国试图通过迁都全面解决上述问题，但由于种种原因，迁都演变为建设行政复合中心的世宗市，使之成为接收首尔都市圈行政机构的城市。行政机构的搬迁对于韩国缓解首都人口集中所带来的交通拥堵和平衡地区经济发展起到了一定作用。

一、世宗市——从新行政首都到行政中心复合城市

2002 年，民主党候选人卢武铉在竞选公约中明确提出在忠清道大田区域建设新的行政首都的计划，筹划将位于首尔的青瓦台总统府、中央各部等主要政府机构和国会迁往新都。这种设想本质上是双重首都制，即将首尔的行政和立法部门迁至外地，保留司法、文化和经济中心等职能。2003

年，当选总统的卢武铉设立了新行政首都建设促进企划团和支持团，并由国会通过了“新行政首都特别措施法（案）”。但迁都计划招致在野党和反对派的抨击，被上诉到宪法法院。2004 年 10 月，宪法法院以“首尔是首都”属于宪法内容、不属于普通法修订内容为由，判定上述迁都法案违宪。2005 年 2 月 5 日，151 位议员联合向国会提出了“作为新行政城市后续对策的燕岐和公州地域行政首都建设特别法案”。该法案在 3 月 18 日获得通过，简称《行政中心复合城市建设特别法》。之后，虽然有反对团体再次提请违宪审查，但宪法裁判所未予受理。

从“新行政首都”到“行政中心复合城市”名称上的转变，实际上已经将此前的整体行政职能搬迁方案降格为部分行政机构的迁出，由原来的全部行政机关外迁，变成了京畿道果川市的中央行政机关和首尔部分行政机关外迁。

从 2005 年 12 月 20 日开始，以划定地域的拆迁补偿为标志，行政中心复合城市正式开工建设。2006 年 1 月 1 日，建设交通部新设了行政中心复合城市建设厅，全权负责世宗市的建设事宜，并在同年 5 月 3 日发布了建设计划。2010 年，李明博政府以迁都造成行政效率低下为由提出“世宗修正案”，试图废弃世宗市的行政中心定位，把世宗市降格为以教育、科技和经济为中心的城市，但在 2010 年国会表决中未获通过。2010 年 8 月，国务会议确定了外迁机构为 9 部 2 处 2 厅，此外还有 16 个政府研究机关。同年 12 月 27 日，国会通过了《关于设置世宗特别自治市的特别法》。行政中心复合都市的规划、建设和迁移过程如表 3-2 所示。

表 3-2　行政中心复合都市地区推进阶段

阶段	主要内容
规划阶段（2005—2007 年）	制定建设基本规划（2005 年 5 月—2006 年 7 月）
	制定广域都市规划（2005 年 7 月—2007 年 6 月）
	制定开发规划（2005 年 8 月—2006 年 11 月）
	制定实施规划（2005 年 9 月—2007 年 6 月）

续表

阶段	主要内容
建设阶段（2007—2011 年）	建设兴工（2007 年 7 月）
	中央政府办公大楼兴工（2008 年 12 月）
	制定行政中心复合都市相关法律
迁移阶段（2012—2030 年）	中央行政部门分段迁移、国务总理室入驻
	计划 2030 年行政中心复合都市建设完成

资料来源：韩国中央安全行政部统计厅网站。

二、世宗市的命名与选址

2006 年 12 月行政中心复合城市促进委员会面向全国开展了行政中心复合城市征名活动。为了纪念创制“训民正音”的朝鲜王国世宗大王李裪，最终确定复合城市为世宗市（Sejong），期望这一名字增强韩国公民的民族自豪感。同时“世宗”一词发音清晰，英文译名简洁，富有国际感。

世宗市位于韩国中部地区，东临忠清北道的清原郡，西临公州市，南临大田市，北与天安市相邻，由原忠清北道清原郡一部分、忠清南道公州市一部分和忠清南道燕岐郡一带合并组成，总面积为 465.23 平方千米，约为首尔面积的 3/4，建设区面积为 73 平方千米。

2003 年 12 月韩国国会通过《新行政首都特别法》后，2004 年 8 月忠清南道的燕岐郡—公州市被选定为新行政首都。燕岐郡—公州市胜出的主要原因有四：首先，地理位置优越，北倚国师峰，三面山丘环绕，中间田野广阔，并有美湖川和锦江两河交汇，地形与首尔相似，不仅风景优美，土地、水资源也比较丰富。其次，交通便利，靠近唐津—尚州高速公路，与京釜线铁路和首尔-釜山高速公路相连，通过高速公路、航空、铁路在两小时内可达全国大部分地区。第三，地处韩国国土的几何中心，具有政治地理优势。世宗市距首尔 115 千米、釜山 225 千米、大田 30 千米，避免了首尔都市圈的进一步拥堵，同时也有利于其未来发展与周围城市连成一片，形成新的经济发展中心，促进整个国家的均衡发展并提高国防上的安全性。最后，历史上公州地区曾是朝鲜半岛古代百济国的首都，拥有丰富的文化和历史遗产，因而被认为是一块不可多得的“风水宝地”。

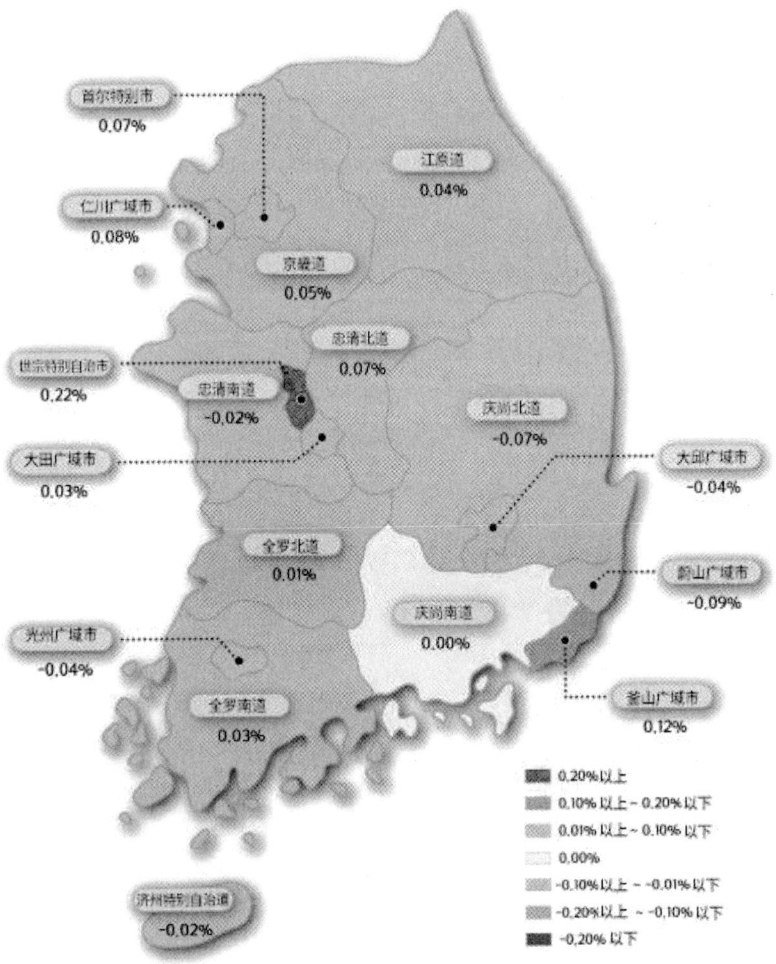

图 3-1　世宗市与首尔市的空间位置

三、首都圈行政功能向世宗市疏解过程及成效

首都行政功能疏解的第一步是确定搬迁机构。2005 年 2 月，韩国国会的新行政首都后续对策委员会以朝野协议内容为基础，依据《行政中心复合城市建设特别法》，确定搬迁的是 12 个部级、2 个厅级、9 个处级及其所属的机关。

2012 年 9 月 14 日韩国国务总理室下属的世宗市支持团、驻韩美军基地迁移支援团、知识产权战略企划团、公职服务管理官室和总务企划官室的 120 名公务员开始搬迁，拉开了行政机关向世宗市搬迁的大幕。首都圈中央行政机关迁入世宗市分为三个阶段：第一阶段，2012 年，9 个部级机构和 6 个附属机构入驻；第二阶段，2013 年，6 个部级机构和 10 个附属机构迁入；第三阶段，2014 年，3 个部级机构和 2 个附属机构搬迁，还有 12 个政府出资的研究机构入驻。到 2015 年底，总共有 18 个部级机关、18 个从属机关、14 个政府出资研究机关搬迁完成，公务员人数为 1.6 万多人。表 3-3 显示了迁入世宗市的基本情况。

表 3-3　中央行政机关迁入世宗市规划（2012—2014 年）

迁入时间	中央行政机关	相关部门	人员数
2012 年	总理办公室、计划财政部、公平交易委员会、农林水产食品部、国土海洋部、环境部（6 个机关）	租税审判院、中央土地征收委员会、航空铁路事故调查委员会、中央海洋安全审判院、人权委员会、中央环境矛盾协调委员会（6 个部门）	4139 名
2013 年	教育科学技术部、文化体育观光部、知识经济部、保健福利部、雇佣劳动部、国家功臣处（6 个机关）	教员诉讼审查委员会、海外文化宣传院、经济自由区计划团、地域化发展特区计划团、贸易委员会、电气委员会、矿业登记项目所、最低租金委、产业灾害补偿审查委、功臣审查委（12 个部门）	4116 名
2014 年	法制处、国民权益委员会、国税厅、消防防灾厅（4 个机关）	韩国政策广播院、邮政事业本部（2 个部门）	2197 名

续表

迁入时间	中央行政机关	相关部门	人员数
总计	16 个机关	20 个部门	10452 名
附：此外还有 16 个国家级各类研究机构，人数为 3353 名			

资料来源：杜立群，杨明，沈教彦，等. 韩国行政中心迁移的经验和启示 [J]. 北京规划建设，2013 (5) .

到 2014 年底韩国的 35 个中央行政机关组织（18 部和 17 厅机构）中，已经有 12 部 3 厅在世宗市办公；国务总理的 10 个直属机关中，已经有 8 个迁往世宗市。在世宗市也还修建了新的总理官邸，国务总理每周往返于世宗市和首尔办公。原法定不可迁移的行政安全部在 2021 年初也陆续迁移至世宗市。

随着疏解政策不断地深入推进，韩国首都圈公共机构的比例从 84.5％降低到 35.2％，这里包括政府机构、准政府机构、国有企业总部等，而非首都圈公共机构比例则从 15.5％提高到 64.8％。首尔人口缓慢下降：经过多年连续增长，首尔人口在 1990 年达到了历史最高点 1060.3 万人，之后持续下降，到 2010 年人口下降到 963.1 万人，减少了 97.2 万人，下降了 9.2％。据 2015 年的统计数据，首尔已经成为人口流出率最高的地区，流出比例为 1.4％。首尔交通状况得到改善：据最新数据，首尔公交车的平均运行时速为 19.6 千米（2009 年北京市中心城区公共汽车的平均运行时速不到 10 千米），小汽车在市中心的通行时速为 16.6 千米。

行政机构的搬迁带动了世宗市的建设和发展。2012 年到 2020 年 7 月，世宗市的人口从 11 万增长到 35 万，世宗市人口在 8 年里翻了 3 倍多。行政机构的搬迁也带动了教育、医疗、消费娱乐等产业向世宗市的聚集。一些事业单位例如高丽大学、弘益大学、终南大学附属医院也在世宗市开办分部。CGV 影城、乐天百货等韩国大中城市的标配也已经入驻世宗市。交通方面，2013 年世宗市开通了韩国第二条 BRT 线路，连接大田等城市的广域铁道也在规划之中。

第三节 韩国首都圈行政功能疏解经验与存在问题

韩国近几十年在首都行政功能疏解方面的探索积累了一些经验，比如有效的法律制度保障和政府支持等。但在构建智能政府解决行政部门两地办公的行政效率方面至今都没有得到有效解决。

一、首都圈行政功能疏解经验

韩国行政机构从首都圈迁入世宗市，除了由法律确立的制度保障以外，韩国设置的一系列主管单位和辅助机构也发挥了重要的作用。2010 年 12 月 27 日，依据《关于设置世宗特别自治市的特别法》，在国务总理室下设置了世宗市支持委员会（国务总理担任委员长）；在国土海洋部下设置了世宗市建设促进委员会对世宗市建设直接领导；在建设交通部设置了行政中心复合城市建设厅，全权负责世宗市的建设事宜。国务总理室下的支持委员会的主要工作是审议和支持世宗市中长期发展的各种方案和行政及财政自主权等方面的业务。国土海洋部下的建设促进委员会主要解决世宗市中心地区的城市规划和技术性问题。

在国务总理室下还设置了支持团，其主要业务是确立世宗市中长期发展方案，世宗市办公场所建设支援，政府机关和研究机关移迁支援，确立公务员移住定居对策，对移住定居公务员实施支援和管理，管理并监督定居环境，确立移迁机关办公场所使用对策，首尔、大田和世宗市间行政活性化支援，等等。在行政安全部设置了世宗市启动准备团，其主要业务是处理市政府直辖的公务，特别是编入世宗市的燕岐郡、公州市和清原郡的调整、编入事务，财产移交，和市民的沟通，世宗市成立初期政府公共服务的提供，等等。各种政策主要通过总理办公室支持团和幸福厅来具体落实，其他相关单位通过协调来实现行政上的支持。

在韩国中央行政机关移驻世宗市及世宗市建设的机构中，支持委员会是决策单位，支持团和准备团相当于支持委员会的执行机构。支持团主要处理涉及中央和相关地方政府间关系的事务，准备团主要处理和世宗市有关的地方政府间的关系。其他辅助机构则是在处理这两个关系的过程中发挥具体作用。中央行政机构按计划完成搬迁得益于决策机构、执行机构的职责明确及相互配合协调。决策机构需要在相关法律框架下依法行事，执行机构则主要在决策机构的决策下处理中央和地方及地方政府之间的关系。中央行政机关地位特殊，在向地方移迁及入驻过程中需要专门机构负责协调和督促。世宗市是个新城，其建设免不了涉及原管辖政府及其他周边政府关系的协调和处理，这些关系的处理权限归属于专门机构将极大地避免部门或地方政府间的扯皮现象，大大提高了中央行政机构移迁和世宗市的建设效率。

二、首都圈行政功能疏解带来的问题

疏解首都圈行政功能，集中搬迁中央政府机构是韩国政府解决首都圈人口过度集中、地区经济发展不均衡的主要举措。韩国政府在实践中积累了宝贵的经验，但依然存在未能有效解决行政效率下降问题，拉动中部地区经济发展的效果也并不显著。

首先，未能有效解决行政运转效率下降的问题。部分中央行政机关迁入世宗市不可避免面临首尔-世宗两地办公而导致的行政效率下降问题。由于行政机构迁移世宗市后部级行政机构分散在首尔市和世宗市，难免产生部级之间的工作不协调问题，导致行政效率的下降。其主要表现在各部委之间以及国会和中央部级机构之间，如国会经常需要部委级长官到国会参加咨询或质询，但因部级领导在世宗市办公，难免会产生行政效率低下问题。

同时，世宗市容纳了大部分中央行政机构，如何确保入驻世宗的中央行政机关和留在首尔的行政机关及国会和青瓦台保持正常的沟通和协调，是韩国政府在移迁之前就考虑的一个重要问题。为此韩国政府一方面通过构建智能政府计划力图实现隔空协作办公，另一方面通过完善基础设施、提供公务员住房优惠政策等来鼓励迁入世宗市的公务员及其家属居住在世宗市。

韩国行政安全部于2012年4月24日公布了“世宗市移迁预备智能政府构建计划”。该计划提出构建智能政府，包括构建智能工作中心、构建影像会议系统、构建数字行政协作体系、构建虚拟业务环境、扩大网上民愿服务范围五项内容。智能政府的构建使公务员在出差途中也可以处理业务、多部门可以在虚拟环境下进行协作、减少需要直接访问才能解决的业务数量。在移迁实现阶段，为了确保政府效率不降低，行政安全部提出了“政府3.0”概念。“政府3.0”强调市民通过无线网络等积极地参与政府决策，从而和政府形成良性互动关系。尽管政府鼓励采取视频会议等高科技手段解决这一问题，但行政业务效果肯定远不及面对面方式。

迁入的公务员面对新环境产生了生活上的问题。据韩国行政研究院在2014年对已经入驻世宗市的公务员进行的问卷调查，入驻公务员在生活上主要面临的问题包括：由于新城的各种基础设施不完备，教育、医疗和首尔有差距而产生的子女教育问题和健康隐忧问题；因新城人口规模小而产生的缺乏人际交往、生活单调、个人发展能力受限，以及个人心理和精神上的问题。针对这些问题，韩国政府一方面加大了世宗市在教育、医疗、文化等设施方面的建设速度和建设规模，另一方面设置了一些心理健康咨询和治疗机构，以缓解公务员在心理和精神上的压力。

此外，机关搬迁后，政府并没有强制公务员一定要移居世宗市，但为了鼓励公务员移居，韩国政府对公务员的移居费用给予了一定的补贴，规定公务人员对世宗市内建设的商品房享有优先购买权。在世宗市开发初期，韩国政府规定房地产开发商必须把70%的商品房优先销售给公务人员；政策调整之后，优先销售的比例降低到50%。据调查，居住在首尔的中央政府行政机构公务人员住房自有率不到45%；在世宗，住房自有率则高达75%。韩国政府还对搬迁公务员制定了全面的补贴政策，除搬迁补贴外，对交通和住宿等也进行了补贴，并为仍居住在首尔的公务人员提供首尔—世宗往返班车服务。

尽管韩国政府提出多种举措来协调公务员异地办公和生活困难问题，确保行政效率不降低，但是并没有达到理想效果。主要原因是世宗市的设计规划缺乏长远考虑，难以连贯落实。由于世宗市的定位不断变化且模糊，其设计缺乏前瞻意识和整体规划。世宗市自运行以来，暴露出许多设计上的漏洞，例如基础设施滞后、交通不便、配套的教育机构和休闲设施不足等问题。据统计，每天有 2000 多名公务员花费四五个小时在首尔和世宗两地奔波。其中多数是为了让孩子在首尔接受更好的教育。韩国政府的运作模式也没有相应改进，解决两地办公问题的视频会议系统无法正常运行，许多重要事务和政府会议需要首尔和世宗两地的公务员来回奔波，而首尔距离世宗 120 多千米。

其次，原本期待的带动韩国中西部经济发展的效应远未显现。世宗市成立以来，由于其定位的不断变化，从“行政首都”到“行政复合中心城市”，其发展与当初卢武铉的迁都设想有很大差距。总统府、国会、国防部和外交部等核心权力机构仍留在首尔，当地经济发展和基础设施建设迟缓，文化、教育、高科技等产业集聚效应尚未形成，对韩国中西部经济发展的带动作用不明显。

韩国建立行政中心复合城市世宗市，对于疏解首都圈人口过度聚集，提高首都圈国际城市竞争力，拉动中部地区经济增长，实现区域经济均衡发展，提升安保韧性具有重要战略意义。尽管韩国行政机构外迁已有 50 年的实践经验，但世宗市建成及发展不足二十年，建立新城集中承担首都圈行政功能疏解，能否实现上述战略意义，还需实践的进一步检验。

参考文献

[1] 孙鲁军等. 韩国政府主导型的市场经济 [M]. 武汉：武汉出版

社，1994.
[2] 丁一文. 国外首都圈发展规律及其对我国"首都经济圈"建设的启示[J]. 河南大学学报（哲学社会科学版），2013（7）.
[3] 汪芳等. 韩国首都功能疏解研究［J］. 现代城市研究，2016（2）.
[4] 伍振军. 韩国公共机构疏解经验值得借鉴［N］. 中国经济时报，2017-6-1（4）.
[5] 张玉山. 韩国经济的非均衡发展及其启示［J］. 贵州师范大学学报（哲社版），2005（4）.
[6] 金相郁，张东哲. 浅析韩国行政中心复合型都市规划［J］. 经济研究导刊，2015（23）.
[7] 张彦华. 非首都核心功能疏解的韩国经验与启示［J］. 韩国研究论丛，2017（2）.
[8] 杜立群，杨明，沈教彦，等. 韩国行政中心迁移的经验和启示［J］. 北京规划建设，2013（5）.
[9] 冯春萍，陈嘉敏. 韩国"战略性"迁都解读［J］. 地理教学，2007（05）.
[10] 黄夏岚，金希娜. 支持韩国首都功能搬迁的财税政策——对北京市首都功能疏解的启示［J］. 地方财政研究，2017（5）.
[11] 赵从霞，金广君，周鹏光. 首尔的扩张与韩国的城市发展政策［J］. 城市问题，2007（1）.
[12] 金钟范. 韩国控制首都圈规模膨胀之经验与启示［J］. 城市规划，2002（5）.
[13] 王付东. 从首尔到世宗：韩国迁都小考［J］. 世界知识，2017（15）.
[14] 张惠强，李璐. 东京和首尔人口调控管理经验借鉴［J］. 宏观经济管理，2018（8）.
[15] 高雅. 功能疏解背景下韩国公共机构外迁方案及首尔应对策略［J］. 北京规划建设，2019（6）.
[16] 张学良. 国际大都市疏解城市非核心功能的经验及启示［J］. 科学发

展，2016 (11).
[17] 戚本超，赵勇. 首尔人口限制和疏解策略对北京启示 [J]. 城市发展研究，2007 (4).
[18] 李新，左登华，周春山，等. 首尔都市区的人口迁居及对中国的启示 [J]. 世界地理研究，2006 (6).

第四章　印度首都圈的形成及产业分工

印度在长期的经济发展中，通过德里周边卫星城建设和工业带建设，形成了德里首都经济圈。位于首都经济圈的核心层、支撑层和外围层的主要城市根据自身优势和国内外经济发展的机遇，形成了较为稳定的产业分工体系，为印度经济发展创造了有利条件，但同时也带来了一系列的问题。社会分配不均和产业结构不合理以及基础设施支撑能力不足在一定程度上制约着印度的经济发展。

第一节　印度德里的发展历程及首都经济圈的形成

德里作为印度首都已经有 800 多年的历史。英国殖民时期，印度的首都从加尔各答搬迁到德里。20 世纪 30 年代，印度建成了德里新城区；1950 年将首都迁入新城区，成为现在的首都——新德里。20 世纪 90 年代，印度开始构建首都经济圈，已经形成包括核心层、支撑层和外围层为架构的经济圈。

一、印度首都：从首都德里到德里国家首都辖区

德里位于恒河大平原的起点地带，离印度河上游不远，故德里在印度的文化中象征事物开端的意思。德里自古以来就是北印度政治与贸易的重要中心城市。根据考古发现，早在公元前约 1400 年，德里开始成为都城；

公元前 1 世纪孔雀王朝末期，拉贾·迪卢重建德里，自此奠定德里的发展基础。虽然德里拥有优势区位并成为印度北部重要的商贸城市，但其后的一千多年间，德里的商贸功能一直大于政治重要性。直到 1206 年，阿富汗古尔王朝统治德里的总督库特布丁·艾伊拜克以德里为都城自立为苏丹国，开始了对印度的统治；之后的 320 年间，先后经历了 5 个王朝，最终将德里确定为首都，德里也真正成为影响印度历史的首都。1526 年，巴布尔取得战争胜利，终结了苏丹国的统治，建立了莫卧儿王朝，定都德里，德里成了印度的政治中心。约 100 年之后，莫卧儿王朝第五代皇帝在亚穆纳河西岸修建了德里红堡作为皇宫，象征着莫卧儿帝国皇权的强大统治，自此德里也成为印度人心中的王者之都。1857 年，英国打败莫卧儿帝国，正式进入英国殖民印度时期。实际上早期英国殖民者来到印度后，作为代理人的东印度公司便选择在印度漫长海岸线的东段、西段和南段各设立了一个贸易中心据点，分别掌控孟加拉湾、阿拉伯海和印度洋中心区域的制海权，伴随而来的是加尔各答、孟买和金奈（旧称马德拉斯）的近代崛起。1772—1911 年，加尔各答一直是英属印度的首府，也是殖民地时期印度最大的城市和工商贸易中心，但由于其位于东部沿海一隅，对印度广袤的内陆国土缺乏控制力，1912 年英国殖民者将首府由东部港口城市加尔各答迁至西北部古都德里，德里再次成为印度的政治中枢。

德里作为印度古王朝的都城，保留有众多的历史文化古迹。为了保留旧城区的文化遗产，从 1911 年开始，统治者决定在德里西南 10 千米处营造新城，1931 年建成，1950 年正式将首都功能迁入德里新城，也就是新德里。新德里从行政区划上含有德里旧城区，同属于德里国家首都辖区（National Capital Territory of Delhi），其政治地位为直属联邦政府的直辖区。首都辖区还包括沙赫德拉、东南德里等 10 个区辖区。根据 2011 年印度官方人口普查数据，德里城市人口为 1675 万人，是印度第二大都市，人口密度最高，每平方千米 1.1 万人。在经济规模上，德里仅次于孟买，其人均 GDP 达到 18.5 万卢比，是印度人均收入最高的城市。根据联合国 2014 年发布的《世界城市化前景报告》，德里人口高达 2500 万，已经超过孟买成为印度人口最多的城市。德里不仅为印度的政治中心，更是印度北部的工商业、服务业及许多传统产业的中心，其中服务业包括通信行业、金融业、不动产业、媒体、观光旅游以及医疗行业。

二、印度首都经济圈的形成与发展

20 世纪 90 年代，印度开始了经济体制改革，实施了包括开放对外贸易和投资、放松管制、私有化、税制改革和控制通货膨胀等新自由主义经济政策，外资流入步伐明显加快，进一步促进了国民经济的快速增长和城市化发展，也带动了德里周边极具区位优势的古尔冈、法里达巴德、诺伊达和加济阿巴德等卫星城市的兴起。30 年来，这四座卫星城市的总人口增长了 7 倍，到 2011 年达到 530 万，逐步形成以德里为核心的首都经济圈。进入 21 世纪，印度工业发展迅速，在首都周边出现了许多工业城市。一些大型城市因供应链相连逐渐发展成工业带，形成了德里—孟买工业走廊（DMIC）、班加罗尔—孟买经济走廊（BEMC）、阿姆利泽—德里—加尔各答工业走廊（AKIC）、东海岸工业走廊（ECEC）和清奈—班加罗尔工业走廊（CBIC）。其中德里—孟买工业走廊、阿姆利泽—德里—加尔各答工业走廊将德里及其卫星城与孟买、加尔各答两大城市的产业经济串联起来，形成了庞大的城市经济网络。

在庞大的经济区域当中，印度首都圈属于单中心功能都市圈，都市圈围绕中心城市向外扩展，形成了类似同心圆圈层结构，其范围定义由点到面、由近到远——从最广的北印度到德里临近邦，再到德里大都市会区，都可视为印度首都圈范围，广义上甚至可以延伸到两大经济走廊。德里正是居于这个经济圈或经济带的轴心位置，不仅在于它的首都地位和中央政府所在地身份，还在于它还是许多产业公司、行业协会、非营利组织、研发中心以及企业总部的所在地。按照德里与周边城市的空间地理区位和产业分工，将德里首都经济圈划分为核心层、支撑层和外围关联层三个圈层，即以紧邻的四大卫星城作为核心层，以中距离的勒克瑙、坎普尔、斋普尔和昌迪加尔为支撑层，以远距离的孟买、加尔各答为外围关联层（见图 4-1）。

从印度地区市场及周边产业供应链的角度来看，德里经济圈除了德里首都辖区，还拓展到了与德里相邻各邦，包括北方邦、哈里亚纳邦、拉贾斯坦邦等三个行政区，或进一步包含旁遮普邦及北安查邦。这些地区在劳动力供应、产业供应上与德里相互依存。因此，德里经济圈可以涵盖整个北印度恒河平原、西北印度地区，亦与加尔各答、孟买相连，两个工业走廊所形成的人字形工业走廊地区范围涵盖大约一半的印度土地及三分之二的人口。

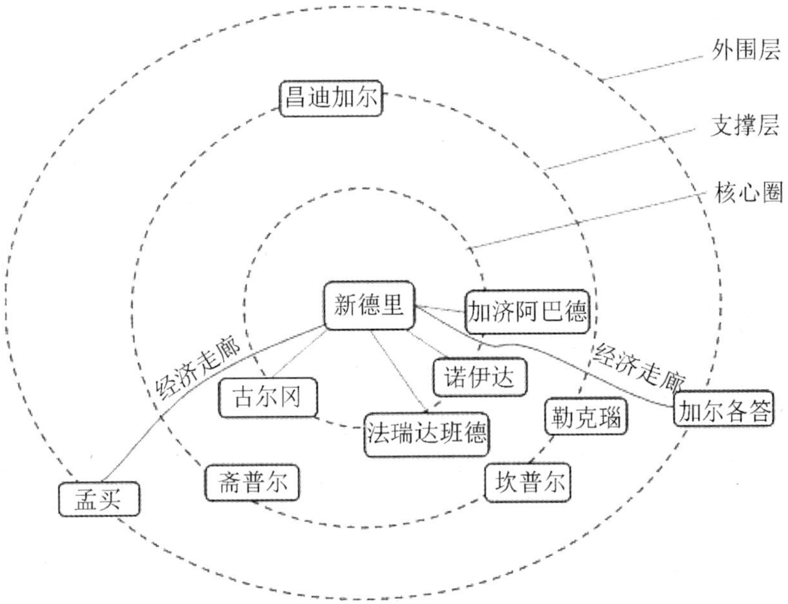

图 4-1　印度德里首都经济圈层示意图

第二节　印度首都经济圈产业分布特点

印度城市功能分工较为明确，孟买是金融业中心和娱乐业之都，加尔各答是重要的工商业中心，班加罗尔、昌加迪尔等是新兴产业中心，首都新德里作为政治和文化中心则把大量资源疏散到了周围的四大经济特区。各个圈层城市之间产业分工既有重叠，也存在差异，既有传统产业的延续，也有现代信息技术的崛起。

一、印度首都经济圈产业分布特征

印度 20 世纪 90 年代的改革是放松政府对经济活动的种种干预，让市场充分发挥在资源配置和供给中的作用。在首都经济圈的建设中，印度将战略经济资源投放到首都周边的经济特区或卫星城，用直达地铁把首都和这些特区连接起来成为德里经济圈的空间交通特征。德里地铁系统（Delhi Metro）率先通向近邻的古尔冈市、诺伊达市、法瑞达班德市、加济阿巴德市四大经济特区，但没有在新德里形成四大干线汇聚同一站点的格局，一定程度上缓解了德里客流和物流过度集中带来的交通压力，也贯彻了不断向外拓展的理念。德里虽然是内陆城市，却是北印度内陆交通运输中心，有多条公路汇聚于此，亦是印度最大的航空客货运输站。印度还将首都经济圈的航空、地铁交通枢纽向政治首都近旁的卫星城市转移，缓解了过度集中于中心城市的弊端。

印度环新德里形成了四大经济特区，即西南方向哈里亚纳邦的新兴城市古尔冈市，东部北方邦的科技城市诺伊达市、法瑞达班德市和加济阿巴德市，四个特区距离新德里边界约为 30 千米。这些特区有的紧邻新德里国际机场，享有德里交通便利所带来的货物配送优势，与德里主城区共同构成了德里首都圈的核心层。由于德里是北印度政治和经济中心，各类人才汇集，因此当地及周边临近地区也形成了技术密集型的信息通讯产业、资讯软件外包等高附加值行业，进而通过产业带动了消费潜力的提升。至于四大经济特区之外的其他重点城市，包括北方邦勒克瑙、传统产业重镇坎普尔、哈里亚纳邦首府昌迪加尔、拉贾斯坦邦首府斋普尔的产业则以当地制造业为主。目前印度产业发展程度距离工业国家仍有相当大的距离，事实上离开德里都市圈后，其他城市的产业结构仍以传统制造业为主，但是各个城市的重点产业种类各有不同，例如勒克瑙、坎普尔、斋普尔以劳动力密集的纺织、皮革及食品加工产业为主，昌迪加尔则以技术层次较高的制药、机械产业为主。如表 4-1 所示，德里首都经济圈核心层、支撑层和外围关联层三个圈层当中的城市具有各自的主导产业，其中既有传统产业，也包含现代新兴产业，主要行业当中既有鲜明的地方特色，也有部分重叠。

表 4-1　印度德里首都经济圈产业分布

圈层/与中心距离	主要城市	产业定位	主要行业
中心	德里	传统产业、新兴产业	棉纺织、毛纺织、化工、炼铁、木材加工、印刷、食品工业、工艺品、宝石金银加工、IT、电信、金融、媒体
核心层/20—40 千米	古尔冈	新兴产业	信息技术、服务外包，计算机网络设备、汽车摩托车
	诺伊达	知识产业	软件、外包、通讯、教育、电影、能源
	法瑞达班德	一般制造业、新兴产业	食品、化工、电器、机械加工
	加济阿巴德	一般制造业、物流产业	酿酒、碾米、榨油、绳索、玻璃、农机设备、电子电器及线缆、金属、重型化工
支撑层/200—500 千米	勒克瑙	一般制造业	工艺制品、食品加工、锯木、造纸、纺织、农机设备、化学药品、生物制药、精密仪器、信息技术

续表

圈层/与中心距离	主要城市	产业定位	主要行业
	坎普尔	一般制造业	纺织、针织、制糖、粮油加工、制革、化工、造纸以及铁路设备
	斋普尔	一般制造业	精制宝石、黄铜器、毛织品、丝纺织、棉纺织、炼铜、机械、电器
	昌迪加尔	一般制造业、高新技术产业	纺织、缝纫机及零件、玻璃、科学器材、航空
外围关联层/1000—1600千米	孟买	金融、工商和娱乐业	纺织、汽车制造、石油化工、钢铁
	加尔各答	金融、商业、一般制造业	黄麻、纺织、钢铁、机械、化学、造纸、皮革、印刷及陶瓷

二、德里首都经济圈不同层级主要城市产业分工特征

1. 德里首都经济圈核心层城市分工特征

该核心层包括古尔冈、诺伊达、法瑞达班德、加济阿巴德四个城市，与德里构成一小时交通圈。

古尔冈市：在印度首都经济圈中，古尔冈是哈里亚纳邦的新兴工业化都市，位于德里西南处约30千米，过去该地为一片偏僻空地，在政府政策性开发后成为独立都市区重点卫星城市。按照印度官方统计，古尔冈市2011年人口约150万人，人均收入仅次于昌迪加尔、孟买等城市，远远超过新德里。古尔冈最初受到瞩目是在20世纪70年代，印度本土的汽车制造商马鲁蒂（Maruti）和日本的铃木（Suziki）公司共同成立合资企业（Maruti Suziki），该公司最早在古尔冈市设厂，让古尔冈成了北印度汽车产业中心。此外，印度最大的私营公司信实工业集团（Reliance Industries Limited）也在这里建立了经济专区，吸引了许多生产制造厂家落户此地。

产业发展吸引了大量青年劳动力移居古尔冈，使这一特区成为年轻人的移民城市。古尔冈的商业运营环境自由宽松，同时由于与德里相邻及临近德里甘地国际机场，加上8号高速公路（National Highway 8）及与德里相连的地铁系统，推动古尔冈成为国际跨国企业重点布局地。现在，已经有多家全球财富500强企业在古尔冈设立区域总部或者办公室，其中Simens、Coca-Coca、Pepsi、GE、IBM、Microsoft、American Express、Agilent Technologies、Bank of American、Honda等都在当地设立了区域总部。目前，古尔冈市已经成为全球最大的摩托车、发动机生产基地，以及全球最大的电信设备研发制造中心之一。此外，由于该城市为印度人均所得较高的城市，流通业也相当发达。1997年通用电气公司率先在古尔冈的企业园设立了外包部门—呼叫中心之后，一批跨国公司选择将业务设在古尔冈。由于印度实施自由开放的金融政策，外包业务带动了古尔冈离岸金融、离岸公司业务的发展，古尔冈已经成为亚洲最大的离岸金融、离岸公司中心之一，其离岸业务的快速发展也使得古尔冈成为亚洲知名的知识产权运营中心。

诺伊达市：诺伊达是一个位于印度北方邦北部，临近新德里东南部欧克拉境内的新兴都市，面积约203平方千米，2011年官方人口统计约64万人。在诺伊达-大诺伊达走廊中有高速公路（Noida-Greater Noida Expressway）及地铁系统连接着德里与诺伊达地区。诺伊达不仅是北方邦最佳居住城市和印度最佳城市之一，也成为印度地产开发商热门的投资地点。当地高级商办、住宅及购物中心鳞次栉比，是北方邦政府最大的税收来源，号称“北方邦金矿”。诺伊达之所以在德里经济圈中扮演重要角色，除了境内有部分印度联邦及北方邦官方单位驻设外，最重要的在于当地蓬勃发展的高科技产业及理想的产业发展环境，形成了跨国公司总部、外包基地、IT服务中心、新兴智能手机产业基地、国际教育中心、电影城等高附加值产业集聚格局，成为许多跨国资讯业厂商在印度设置服务委托外包选址时重要的布局地点之一。这得益于印度政府在当地设立了软件科技园区，同时给予该区特殊经济区（Special Economic Zone）的租税政策。目前当地主要的资讯厂商包括 Sapient、Fiserv、Headstrong、EXL Service、First Flight Courier Ltd.、Student Leads、Padma Infocom Pvt. Ltd.、IBM、Miracle、AON Hewitt、Fujisu、CSC、TCS、Ajastra Media、WIPRO、HCL、Adobe Systems、Ericsson、Dell、Sparta Consulting、Patni Computers、Corbus、Accenture Samsung 等，其中 IBM 和 Dell 等跨国公司均在这里设置了研发中心，三星公司也在诺伊达市建立了世界上最大的移动设备工厂。能源产业亦成为当地主要产业，许多能源及工程公司包括 Reliance Infrastructure、NTPC Limited、Tata Power、Gas Authority of India Limited、India Oil Corporation、Bharat Heavy Electricals Limited、Oil India Limited、Samsung Engineering、BGR Energy Systems Limited 等，皆将公司总部或重要业务支点设置于诺伊达。诺伊达市还是亚洲最大的电影、电视、传媒中心之一，如 Zee News 、NDTV、TV Today、CNN-IBN、CNBC 等均在诺伊达电影城建立了各自的运营中心。诺伊达也是汽车及相关配件产业的重点城市，主要厂商包括 Escorts、Honda-SIEL、Moriroku Technology India Pvt、New Holland Tractors（菲亚特与福特合资公司）等。波音、通用电力、格鲁曼等军火巨头也在诺伊达建立了研发设计和制造基地。此外，诺伊达市政管理部门专门规划土地建立了一个知识园，之后类似的知识园区不断增加，成为私立教育的孵化器。

法瑞达班德市：法瑞达班德市是哈里亚纳邦的最大城市和主要工业中心之一，位于新德里东南 20 千米，1607 年成为重镇；1950 年印度独立后，作为巴基斯坦安置地主要发展轻工业；20 世纪 90 年代中期开始，许多中央政府机构迁至该市，并带动了当地制造业的发展，吸引了大批制造业企业入驻，被称为“印度的工业首都”。

加济阿巴德市：加济阿巴德是印度北方邦的一个城市，位于德里以东 25 千米，是从东面进入德里的所有铁路和公路的交汇点，是亚穆纳河右岸的商业与交通中心，被称为“北方邦的门户”，是物流和工业中心，也是印度发展速度最快和最具成长活力的城市之一。

除上述城市的经济功能外，这些经济特区也成为印度的教育科研中心。在 1993 年印度实施国家知识经济战略后，涌现出大批私立学校。如 2005 年在诺伊达市成立的 Amity 大学，刚开始招生时仅有 120 名学生，到 2011 年在校生就达到了 8 万多人，并在美国和中国设立了分校；在通信技术、电子工程、纳米工程、生物信息学、国际工商管理、经济学等学科拥有博士学位授予权，其中纳米工程、国际工商管理等专业居印度第一位；发明了印度的第一辆混合燃料汽车。Amity 大学仅仅是印度知识经济蓬勃发展的大批私立学校中的普通一员。许多欧美名牌大学在诺伊达、法瑞达班德市和加济阿巴德市开展各种办学活动。这些地区尤其发达的是软件、通信、航空、制药等高科技行业的教育和培训，大学系统的兴起和完善有力地推动了这些城市创新经济的发展。

2. 德里首都经济圈支撑层主要城市的特征

该支撑层主要包括勒克瑙、坎普尔、斋普尔和昌迪加尔四个城市，距离德里大约 200—400 千米，也是德里与其他经济城市的重要联结点。

勒克瑙市与坎普尔市：勒克瑙是北方邦的首府，位于德里东南方。根据 2011 年印度人口普查统计，该市人口为 290 万，是印度第八大城市。坎普尔为北方邦南部城市，是印度第十大城市。勒克瑙与坎普尔为阿姆利则-德里-加尔各答工业走廊上的重要节点城市，两市的产业与德里经济圈的产业供应链紧密联系，与斋普尔和德里形成一个三角之势，同为支撑德里经济圈的重要都市。勒克瑙凭借政府在当地设置的多个产业研究中心的支持，产业发展较为扎实，其中纺织、家具、工具机、航天、化学、制药、农产品加工等行业处于领先地位。坎普尔则以优越的交通位置（四条高速公路交汇于此）所带来的原料、物资及人员移动的便利性，使得机车、皮革、纺织、成衣、机械、化学、肥料、橡胶加工、食品生产等依赖原料加工的传统产业在当地蓬勃发展，并吸引了众多的大型贸易厂商如 Laxman Traders、Superhouse Group、Simran Traders、Aone Info、Mirza International 等在当地设立业务分支，以便于就地采购。近年来，随着印度产业结构的升级，勒克瑙与坎普尔两市的 IT 产业亦发展迅速，印度塔塔

(TATA) 集团的 IT 事业部门 Tata Consultancy Services 已在勒克瑙设有驻点机构。坎普尔政府还专门投资重建了 Lal Imli Mill 工业区，专供中小资讯类型的科技公司进驻。

斋普尔市：斋普尔位于新德里西南 250 千米处，是拉贾斯坦邦首府，也是印度著名的古城。沙漠之邦的拉贾斯坦，曾经是多个王国聚集的地域。由于大约六成的印度沙漠地区位于拉贾斯坦邦境内，拉贾斯坦邦曾是印度最贫瘠的地区之一。近年来受德里-孟买工业走廊带动的产业投资效应影响，位于工业带上的拉贾斯坦邦的经济快速发展，大量投资涌进并创造了众多的就业机会。斋普尔得以快速发展，除了处于德里-孟买工业走廊上，更是因为该市在地理上与德里接近，与德里的消费市场、劳动力以及产业链联系十分紧密。目前许多国际企业及印度的主要企业已在斋普尔设立分支机构，例如德意志银行在当地设立了地区营运中心，美国资讯服务中心 Genpact 及印度最大的软件公司 Infosys 在斋普尔设立了软件研发中心。印度 Mahindra 集团与拉贾斯坦邦政府在当地合力开发的马辛德拉世界城 (Mahindra World City) 包括多产品特别经济区 (SEZ)、国内关税区 (DTA) 以及社会和住宅基础设施，是拉贾斯坦邦第一个可运营的经济特区，是印度北部最大的经济区和印度规模最大的 IT 经济特区之一。斋普尔也是世界外包业务的主要城市之一，外包业务除了电话客服外，软件开发、资讯系统及金融服务亦为重点外包项目。传统工业在斋普尔也蓬勃发展，包括纺织业、食品加工、橡胶加工、金属加工、机械生产、矿产开发等产业都相当发达。虽然传统产业多以中小企业形态存在，却成为当地劳动力资源的雇佣主力。斋普尔另一项值得注意的新兴产业为太阳能发电产业，因为拉贾斯坦邦气候干燥、日光充足，印度政府将该邦列为太阳能发电产业重点发展地区之一，通过各项优惠措施鼓励民间产业资本投资该行业。斋普尔也是西北印度重要的观光胜地，被赞为“粉红色之城”，吸引了许多来自各地的人前来举行婚礼或观光、医疗及投资房地产，促进了当地旅游服务业的繁荣。

昌迪加尔市：1947 年巴印分治后，原旁遮普省被一分为二，东部属于印度，西部归巴基斯坦，当时的首府拉合尔属巴基斯坦辖区内，使得印度的旁遮普邦失去了首府。为解决当地行政管辖以及难民安置等突出问题，印度政府决定在位于新德里以北 240 千米处的罗巴尔（Ropar）行政区甚瓦利克（Shivalik）山麓下兴建新的首府，以该地一座村落命名为昌迪（力量之神）加尔（碉堡）。印度政府于 1966 年将旁遮普邦东部划出成立新的哈里亚纳邦。昌迪加尔位于两个邦之间，印度政府决定将昌迪加尔划为联邦属地，作为中央直辖区，由印度政府直接管辖，由昌迪加尔兼任旁遮普邦、哈里亚纳邦和昌迪加尔中央直辖区的共有行政首府。

昌迪加尔是一座从无到有、后发再造的新兴城市，市区划为 30 个长方格形，北部为行政区，西部为大学区，东部为工业区，中心城区绿色地带与空旷地带相隔，道路系统宽狭不同，街道大多呈方格状，建筑物以法国式风格为主。根据 2011 年印度官方人口普查，昌迪加尔的人口为 96 万，人口识字率达 86%，全印度排名第八，人口密度为全印度第二。近年来，昌迪加尔作为新兴的发展城市，积极发展资讯等高新科技，城市发展指标在全印度中表现优异。该市为印度人均 GDP 较高的城市之一，政府曾参考联合国人类发展指标进行城市评估，该城市被评为全印度表现最佳城市以及全印度最干净城市。

昌迪加尔的工业较为发达，目前印度的三大工商协会包括 Federation of India Chambers of Commerce & Industry（FICCI）、the PHD Chamber of Commerce and Industry（PHDCCI）以及 the Confederation of India Industry (CII) 都在当地设有地区性总部。在产业发展方面，昌迪加尔中小企业相当活跃，有 2500 多家中小企业，主要产业包括造纸、金属、机械、食品制造、汽车零件、机械工具、制药、卫浴设备及家电用品。昌迪加尔近年来积极发展信息工业，已经建成昌迪加尔资讯园区，吸引 Quark、Infosys、Dell、IBM、Tech Mahindra 等国际知名厂商入驻，在外包业务及 IT 服务领域逐步显露出成长潜力。

3. 德里首都经济圈外围层主要城市特征

该外围层主要包括孟买、加尔各答两座城市，也是两个重要的经济中心，分别处在德里-孟买和阿姆利泽-德里-加尔各答两大经济走廊的一端。

孟买市：孟买是印度西部临海城市和印度最大的海港，是马哈拉施特拉邦的首府所在地。作为印度西部门户城市和重要的经济与商贸中心，孟买早年曾被葡萄牙占领，后归英国管理。孟买是印度人口最多的城市和世界人口最多的大都市之一。孟买是印度纺织业中心，坐拥世界上最大的纺织品出口港，素有“棉花港”之称。孟买的棉纺工业长期居优势地位，约占全国产量的30%；机械、化工、炼油等部门在国内占有突出地位；毛织、皮革、制药、食品、电影等工业实力也较强，已成为多部门的综合性工业基地。此外，孟买的石油化学、化肥、原子能发电行业以及炼油工业发展迅速。以孟买-浦那为中心的工业区工业产值大约占到全国的1/6，已显著领先于其他工业区。德里-孟买工业走廊已有多个投资项目建成或正在实施，为沿线地区的经济发展和增加就业带来了许多机会。孟买还是印度的商业和娱乐业之都，是印度印地语影视业的大本营，印地语电影业的中心宝莱坞连同它的最大的摄影棚都位于孟买；马拉地语影视业的基地也位于孟买；印度大部分重要电视和卫星网络以及主要出版社的总部也都设在孟买。孟买金融地位显赫，拥有诸多金融机构，例如印度储备银行（RBI）、孟买证券交易所（BSE）、印度国家证券交易所（NSE）。孟买作为印度著名的商业都市，见证了金融、IT、出口、服务业的繁荣，拥有广阔的商业机会和相对较高的生活水准，中产阶级受益群体有所扩大，推动了消费的繁荣，不断吸引来自印度各地的移民。

加尔各答市：加尔各答位于印度东部恒河三角洲地区，是印度东北部主要的商业和金融中心，拥有印度第二大交易所——加尔各答证券交易所。作为重要的商港和军港，加尔各答是该地区唯一拥有国际机场的城市。历史上加尔各答曾经是印度的首都和最大的城市。印度独立后，由于国内外政治经济环境动荡，加尔各答开始出现经济衰退。20世纪60年代到90年代，加尔各答的许多大型制造加工厂关闭或收缩，资金大量外逃，商业也纷纷向外转移，资金与资源极为缺乏。20世纪90年代之后，随着印度推行经济改革，资金开始有所回流，加尔各答的经济逐渐复苏。加尔各答成人识字率和受教育程度虽然超过全国平均水平，但仍有大量不熟练和半熟练的劳动人口，其中在非正规经济部门就业的劳动力接近一半。2000 年以来，随着印度“东向政策”（Look East Policy）范围的扩大和升级，印度加大了对东南亚国家的开放力度，处于有利位置的加尔各答成为吸引外商投资开展经贸合作的热点地区。在此期间，西孟加拉邦政府也出台了一系列新的投资和工业政策，积极吸引外资，大力发展工业，力争将西孟加拉邦打造成印度的纺织工业生产中心。这些都为加尔各答的经济发展提供了便利条件。

目前，加尔各答的主要工业有黄麻、纺织、钢铁、机械、化学、造纸、皮革、印刷及陶瓷等，是世界最大的黄麻加工工业区。一些大型公司在加尔各答设立了业务总部或生产工厂，如 ITC、巴塔鞋业、伯拉公司、印度煤炭公司、印度协和银行、UCO 银行和阿拉哈巴德银行等，生产的产品涵盖传统黄麻到现代电子的多个领域。从产业贡献度来说，加尔各答的经济恢复和发展在很大程度上得益于近些年 IT 产业的兴起。加尔各答拥有 9 所大学和多个著名的工学院及教育机构，信息技术人才较为充沛，IT 部门的年增长率远高于全国平均水平。

第三节　印度首都圈产业发展存在的问题

由于不同地区或城市的经济发展基础、基础设施水平、科技要素流动频率等方面存在差异，印度经济特区具有较为明显的空间异质性。从大的空间范围考察印度首都经济圈，各个圈层的发展并不均衡，也存在诸多问题。

一、收入分配不平衡和产业结构不合理现象严重

到目前为止，印度依然是一个所得偏低及分配不均的国家。在印度的

许多大城市里，往往可以见到极其奢华的富豪住宅与贫民窟相邻而居的局面。根据世界银行发布的统计数据，2014 年印度人均 GDP 仅有 1573 美元，2019 年也只有 2099 美元，远低于中低收入国家的平均水平。虽然印度人均 GDP 全球表现落后，但是大德里都市区及昌迪加尔地区的人均收入却高得出奇。根据印度统计及计划执行部于 2015 年 3 月所公布的 2013—2014 年度各行政区人均 GDP 资料，首都经济圈中德里及昌迪加尔分别居于第二名和第四名，临近德里的哈里亚纳邦排名第六，在印度属于高所得行政区；而拉贾斯坦邦及北方邦分别居于第二十三名和第三十二名，大都市圈的城市经济发展水平存在很大的落差。

在印度的产业结构中，农业和服务业比重较大，制造业比重较小，产值结构与就业结构存在较大偏离。印度首都经济圈中四大经济特区严重依赖信息技术行业，虽然可以帮助印度在这一领域继续保持领先优势，继续给为数不多的印度中产阶级青年提供就业机会，但其经济拉动效应和就业吸纳能力非常有限，经济增长的结构性矛盾凸显。工业制造业可以为低收入者就业提供更多工作岗位。印度在信息、医药、电影文化等产业布局较早，具有相对竞争优势，但特区经济政策实际上并未使更多的制造行业获得发展机会。由于印度外包服务产业不是在本国第二产业的基础上发展起来的，对外部市场尤其是欧美市场存在着很大的依赖性，因此印度要想实现经济可持续发展，必须补足工业制造业的短板，形成合理的产业结构。作为经济龙头的首都经济圈更应如此。当然，从现实条件来看，这一过程不可能一蹴而就，也绝非易事。

二、环境生态持续恶化

印度在快速的城市化和工业化进程中，能源消耗迅速加大，人口高度聚集，水污染和空气污染非常严重，生态环境日益恶化。首都新德里的空气质量被世界卫生组织（WHO）评为世界最差，其 PM2.5 远超出了世界卫生组织（WHO）规定的安全标准。根据瑞士全球空气质量数据平台

IQAir 发布的《2020 年全球空气质量报告》显示，印度首都新德里连续三年成为世界上污染最严重的首都。德里还不是首都圈内污染最严重的城市，德里的卫星城诺伊达以及法瑞达班德，由于工厂众多，污染比德里还要高出许多。按照印度媒体解释，工业污染是德里地区最大的空气污染来源，占比 30%。

除了空气污染，德里首都圈内水污染也不容忽视。根据绿色和平组织的调查结果，坎普尔以及北方邦首府勒克瑙属于世界上水污染最严重城市之一；加尔各答和孟买等地水污染也非常严重；即使是德里地区，大部分地下水层也含有铅、铬等重金属污染物。在德里首都圈内目前只有大约 65%的居民能获得“水委员会”提供的经过处理的自来水，其余居民主要依赖地下水。恒河是印度的圣河，也是印度文明的摇篮和国家象征，随着两岸城镇大量民生及工业废水排入恒河，使恒河成为世界上污染最严重的河流之一，已经威胁到恒河平原的生态平衡和民众健康。

三、基础设施支撑薄弱

印度独立后一直采取政府主导方式进行基础设施的开发和建设，由于投资不足和过程管理效率较低，基础设施发展严重滞后，限制了印度的经济发展。根据世界经济论坛近些年的《国际竞争力报告》显示，印度基础设施建设水平的世界排名一直较为靠后，两个最大的城市新德里和孟买均存在明显的基础设施短板。印度虽然基本形成了庞大的城乡公路网，但是很多区域缺少高等级公路，许多公路的路面质量不达标，使得车辆的运输效率受到很大影响。印度的铁路网面临老化问题，现有老旧线路无法发挥应有的功能。此外，印度的能源电力建设资金短缺严重，不少地区无法保障正常的电力供应。

尽管印度政府已经意识到基础设施方面的薄弱，计划把德里-孟买、班加罗尔-孟买两大经济走廊与阿姆利泽-德里-加尔各答、清奈-班加罗尔以及东海岸五大工业走廊整合成为一个新型的国家工业走廊，连通首都经济圈与其他经济圈，将沿线基础建设与产业发展结合起来，促进经济快速增长，但规划实施当中面临诸多因素困扰和制约，存在着较大的不确定性。

参考文献

[1] 任佳，李丽．列国志·印度［M］．北京：社会文献科学出版社，2016.

[2] 汤爱民．近代以来世界迁都浪潮［N］．东方早报，2014-03-18（4）.

[3] Rahul, Goel, Geetam, et al. Access - egress and other travel characteristics of metro users in Delhi and its satellite cities[J]. Iatss Research, 2016, 39(2).

[4] 中国高技术产业发展促进会知识产权战略研究课题组．从印度首都的周边特区凸岛战略到京冀经济地理转型的若干思考［J］．科技促进发展，2013（6）.

[5] 喜喜．昌迪加尔——失落的乌托邦堡垒［J］．时代人物，2016（8）.

[6] 高军，劳致钢，姜剑波，等．昆明与加尔各答比较研究［C］//昆明市社会科学院．昆明市社会科学院成果选集：2009—2010卷．昆明：大家文学杂志社，2011.

[7] 谈玉妮．印度经济特区模式研究［J］．中国经济特区研究，2013（1）.

第五章 伦敦和东京首都圈城市规划的成效及其特征

为解决“大城市病”，伦敦和东京首都圈均经历了通过城市规划疏解非首都功能的历程，从单核规划到多核城市发展，实现了人口和产业的转移，并实现了绿色低碳的发展目标。本章从两大首都圈的城市规划入手展开分析，重点分析规划实施及其在疏解非首都功能方面的效果，最后总结两大首都圈城市规划建设的主要经验。

第一节 伦敦和东京首都圈的城市规划及其现状

闻名于世的伦敦和东京首都圈，在长期的建设过程中伴随着多次首都圈城市规划，但现实中首都圈发展并没有完全沿袭规划的设计路径。在经济增长缓慢和人口减少或增速停滞背景下，两个首都圈仍是两国重要的经济中心。

一、伦敦和东京首都圈的城市规划进程

伦敦和东京非首都功能的疏解均是通过多次城市规划完成的，具有法律性质的城市规划是区域经济和社会可持续发展的重要保障。

伦敦城市规划可以分为早期、中期和现代三个阶段。20 世纪 30 年代末至 60 年代末是早期阶段。为解决伦敦人口过于集中以及相伴而生的卫生、交通、环境等大城市病，英国政府在 1937 年成立了“巴罗委员会”，

该委员会在1940年的“巴罗报告”中提出了疏解伦敦中心区工业和人口的建议。1944年由艾伯克龙比主持制订的大伦敦规划提出了世界上第一部大型城市区域规划，并成为后来各阶段区域规划的基础或参照。该规划的核心内容是通过绿带建设划定伦敦城增长边界，通过新城建设疏解伦敦人口压力和扩大产业发展空间，通过高速公路、城际铁路等交通基础设施推进伦敦与周边地区协同发展。规划方案是在距伦敦中心半径约48千米范围内，由内向外划分为四级层圈，即内圈、近郊圈、绿带圈和外圈。内圈是控制工业发展、改造旧街区、降低人口密度、恢复功能的地区；近郊圈是作为建设完善的居住区和健全地方自治团体的地区；绿带圈的宽度约16千米，以农田和游憩地带为主，严格控制建设，作为制止城市向外扩展的屏障；外圈计划建设8个具有工作场所和居住区的新城，从中心地区疏散40万人到新城（每个新城平均容纳5万人），另外还计划疏散60万人到外圈地区的中小城镇。这一规划的核心还是发展工业，只是把工业布局从内伦敦向外伦敦扩散，以减轻中心城区人口和交通的压力。

20世纪60年代末至90年代末为中期阶段。1969年编制的大伦敦发展规划，试图改变1944年大伦敦规划中的同心圆式布局模式，让城市沿着三条主要快速交通干线向外扩展，形成三条长廊地带；在长廊终端的南安普顿—朴次茅斯、纽勃雷和勃莱古雷分别建设三座具有“反磁力吸引”城市。反磁力吸引是相对于传统城市中心对周边地区人口的吸引，阻断周边地区向中心城区的人口流动，目的是在更大的地域范围内解决伦敦首都圈地区人口、经济和城市的均衡发展问题。这一模式既可以形成具有世界影响力的都市经济区，还可以避免单中心城市的城市功能高度集中现象。

20世纪90年代末至今是现代规划阶段。1999年，伦敦人经过公投程序批准成立了大伦敦政府（GLA）①。大伦敦政府是英国地方政府，辖区为整个大伦敦地区，政府由市长领导，并由伦敦议会监督，办公地点位于泰晤士河南岸靠近伦敦塔桥的市政厅。2004年大伦敦政府颁布了《大伦敦空

① 大伦敦政府（Greater London Authority）是区域层面的管理机构，由33个区级地方机构组成，包括32个自治市（borough）和伦敦市（City of London，即伦敦金融城）。

间发展战略》，简称《大伦敦规划》，其宗旨是充分利用稀缺资源，采取更为紧凑的开发方式，重新强化中心城市功能；挖掘并富有创意地利用历史遗产价值；提高社会的包容性，让每个伦敦人能够平等地获得住房、就业、服务和休闲娱乐的机会。后来大伦敦政府又于 2008、2011、2016、2021 年四次对《大伦敦规划》进行了修订。新版《大伦敦规划 2021》提出实现“良好增长”的发展目标，即实现兼具社会和经济包容性以及环境可持续性的增长。具体包括建设强大且具有包容性的社区，充分利用土地，打造健康城市，提供市民所需住房，还要发展友好经济，提高城市的效率和韧性。

日本东京首都圈包括广义和狭义两个范畴，广义的是指东京都和周边的 7 个县，即茨城县、栃木县、群马县、埼玉县、千叶县、神奈川县和山梨县，也就是整个关东地区；狭义的东京首都圈是指东京都、神奈川县、埼玉县和千叶县。东京首都圈规划也经历了早期、中期和现代三个阶段。从 20 世纪 50 年代中期发展到现在，日本经济历经高速增长、低速增长、成熟经济三个阶段，编制了七版首都圈规划。20 世纪 50 年代中期至 70 年代初期是早期规划阶段，也是日本经济的高速增长阶段，在这一时期首都圈整备委员会编制了 1958 年、1968 年两版基本规划。20 世纪 50 年代中期，日本经济恢复到了战前水平，出现了经济的快速增长，人口和产业向东京集中，引发了东京都出现住宅、交通、环境等一系列大都市病。1958 年日本出台了第一个首都圈规划，将首都圈范围由以东京为中心半径的 50 千米扩大到 100 千米。这是仿效了 1944 年大伦敦规划。在距东京市中心半径 16 千米处，设置 5—11 千米宽的绿带，以阻止城市无限制地蔓延；在绿带外围设立城市发展区，建设 13 座卫星城。但 50 年代末 60 年代初，与经济高速增长相伴随的东京地区的人口及就业增长远超规划估计，加上各相关利益集团的联合反对，以及国家直属城市开发机构带头在规划绿地中开发住宅，使得建设绿化带的设想基本落空。1968 年首都圈第二次基本规划提出，将东京作为经济高速增长的全国枢纽，实施以合理中枢管理功能为目标的城市改造，将首都生活、周转功能和教育、研究设施向东京外围地区分散。

20世纪70年代初至90年代末是中期规划阶段。1973年第一次石油危机爆发之后，日本经济进入中低速增长阶段（包含70年代的滞涨、80年代中后期泡沫经济的高涨和90年代初泡沫经济崩溃后的经济低迷），国土厅分别于1976年、1986年和1999年编制了三版首都圈基本规划。随着人口和中枢管理功能过度向首都圈集中，东京的“大城市病”日益严重，形成了“一极集中”的首都圈区域结构。因此，1976年的第三次总体规划再次强调分散中枢管理功能，建设多中心城市，提出在更广阔的地域范围内建立多中心结构。通过向周边地区疏散工业、大学和大型综合服务机构，推动外围地区的机场、港口、研究学园城市（如筑波）建设，合理安排功能，适度增加人口，并以此为依托建设副中心，减轻对东京中心区的依赖。第四次规划编制于1986年日本泡沫经济上升期，基本上延续了第三次规划的思想，在进一步强化东京都中心区高层次中枢管理功能和国际金融功能的同时，以形成核心业务自立都市圈为目标，通过建设东京外围“业务核心城市”，改变向东京都中心部“一极集中”的首都圈区域结构，逐步打造多核多圈型的区域架构，并具体提出了建设“多摩连环城市圈”构想。泡沫经济膨胀期不断攀升的住房价格，使得东京都的人口出现了负增长，1985—1990年东京都人口增长率为－2.3%，都心三区人口增长率则达－18.2%，出现了首都圈中心区空洞化问题。90年代初泡沫经济崩溃，日本经济进入长期低迷状态，东京首都圈中心区空洞化现象仍然存在，“业务核心城市”建设也没有达到目标。因此，1999年第五次首都圈基本规划提出了“分散型网络结构”的空间布局架构。通过发展东京核心区，强化东京的国际竞争力，解决首都圈中心区空洞化问题；通过培育、发展“业务核心城市”，推进交通、通信等基础设施的改造整治，促进东京首都圈与中枢据点都市圈之间职能的分工与协作，形成具有较高互补性的“分散型网络结构”，将首都圈建设成为经济上更具活力，与自然环境友好共生、生活环境更为舒适安全的可持续发展地区。

20世纪90年代末至今是现代规划阶段。90年代末，日本已进入成熟经济发展阶段，结束了大规模的国土开发。2001年国土交通省成立，2005

年日本《国土形成规划法》取代《国土综合开发法》。国土交通省在 2006、2016 年编制了第六次、第七次首都圈规划。2006 年的第一次《首都圈整备规划》即东京首都圈的第六次规划，是在人口老龄化、环境问题、预算约束以及依赖中央政府的局限性等形势下编制的。旨在从注重数量型的发展转变为更多关注质的提高，以保障居民生活的舒适、安全、安心和稳定。2016 年以《国土形成规划》和《首都圈广域地方规划》为依据，推出了第二次《首都圈整备规划》即东京首都圈第七次规划，规划提出了从“东京一极集中”向“对流型首都圈”转变的目标，强调纠正“一极集中”与“强化东京的世界城市功能”同样重要，提高抵御巨大自然灾害的能力是首都圈的重要责任和义务，支持老年人参与社会以应对老龄社会的挑战是首都圈的重要课题，而建设环境优美、高品质、高效率、精细化、共生包容、令世界向往的“精品首都圈”是提升首都圈的国际竞争力和可持续发展能力的需要。

上述七次规划均体现了以产业、居住、交通、环境等为主题的理念，并针对产业过度集中、商务办公云集、人口膨胀、地价高涨、交通与环境污染日益恶化等问题，制定出“多级分散”的国土开发战略，旨在将东京圈和日本全国形成“多极多圈域”的中枢功能分散格局。七次规划基本适应了日本经济的高速增长、低速增长和成熟经济等不同的发展阶段，以及经济信息化和国际化的外部发展环境，还保持了较好的延续性。

二、伦敦和东京首都圈的基本现状和共同特征

伦敦是英国的首都，是全国政治、经济、文化和交通中心，也是全球重要的金融中心、商业中心、创意中心和旅游胜地。伦敦首都圈是世界经济、金融、贸易中心，也是高新科技中心、国际文化艺术交流中心和国际信息传播中心，是现代西方文明的杰出代表。伦敦首都圈包括中心区和内伦敦、外伦敦三个组成部分，面积约 1595 平方千米，人口 890.6 万（2018 年），人口密度 5580/平方千米。中心区是伦敦城，面积约 2.6 平方千米；

伦敦城外12个自治市构成大伦敦内圈层，称为内伦敦，面积约310平方千米；其他20个自治市构成外伦敦，面积约1279平方千米。伦敦中心区定位为国际、国内和伦敦市的经济、文化中心，是伦敦参与全球竞争的核心地区；内伦敦主要是以经济增长为导向，并具有维持区域均衡和社会稳定的功能；外伦敦主要以教育科研机构、知识产业等形成新的经济增长点，并通过大型交通基础设施的建设加强与中心区的联系，支持中心区和内伦敦的发展。

东京是日本的首都，也是其政治、经济、文化以及交通的中心。由于东京的城市空间不断向周边地区扩张，形成了不同层次的都市圈（参见表5-1）。核心是东京都都心三区，千代田区、中央区和港区。内层为东京都，按行政区划下辖23个特别区、26个市、5个町和8个村，总面积约2194平方千米，人口1392.1万。中间层为东京圈，包括东京都及近邻三县（神奈川县、埼玉县和千叶县），总面积13 566万平方千米，人口3672.8万。外围层为首都圈，包括一都七县，由东京圈再加上外围的茨城、群马、枥木、山梨等周边四县，总面积36 898平方千米。2019年首都圈总人口4427.5万，占全国总人口的35.1%。东京首都圈（即日本首都圈）在制造业、金融业、运输业、内容产业等领域具有优势。随着总部经济的发展，东京完成了由全国性经济中心向世界城市的转型，成为与伦敦、纽约齐名的世界三大金融中心，坚固了日本在全球的重要地位。

从表5-1可以看出，伦敦和东京两大首都圈的发展具有共同特征：一是均经历了从单核到多核的发展，以伦敦和东京为核心，建立起层级式的圈层结构，每个层级均有明确的功能定位。二是首都圈对全国经济贡献大，伦敦和东京首都圈的地区生产总值占全国GDP的比重分别为23.6%、39.5%。

表 5-1　伦敦和东京首都圈基本特征

	伦敦首都圈	东京首都圈
首都圈范围	中心区：伦敦城 内伦敦：伦敦城外 12 个自治市 外伦敦：广域的 20 个自治市	都心区：东京核心三区 内　层：东京都 中间层：神奈川、埼玉、千叶 外围层：茨城、群马、枥木、山梨
首都圈面积	1595 平方千米	36898 平方千米
首都圈人口	890.6 万人（2018 年）	4434 万人（2020 年）
地区生产总值	6754.3 亿美元，占英国 GDP 的 23.6%（2018 年）	222 万亿日元，占日本 GDP 的 39.5%（2017 年）

伦敦和东京首都圈在国家经济中的重要地位不仅体现在其地区生产总值占全国 GDP 比重较大，还表现在金融、产业、外贸等具体领域。作为全球三大金融中心的伦敦，除英国本土银行外，伦敦金融城还汇聚了约 550 家跨国银行分支机构，有 170 多家国际券商在伦敦设立分支机构或办事处，伦敦证券交易所、伦敦金属交易所、伦敦国际石油交易所等世界级交易机构云集于此。伦敦不仅拥有现代化的金融服务体系，如专业的跨国银行借贷、国际债券发行、证券基金投资等业务，也是全球最大的外汇交易市场、最大的黄金现货交易市场、最大的衍生品交易市场、最大的保险市场以及非贵重金属交易中心，还有 100 多家各种商业协会，是当之无愧的世界金融中心。2018 年，伦敦金融城的工作岗位增加到 52.2 万个，比 2017 年提高了 2%，其增长速度几乎是全英国的 3 倍。其中金融保险业工作岗位是 17.9 万个，比 2017 年增长 3%；法律和管理咨询等相关专业服务部门的工作岗位有 9.7 万个，比 2017 年减少了 2 万个岗位。

东京首都圈年利润 10 亿美元以上的大企业有 600 多个。首都圈外资企业的数量及占比接近 90%，即几乎 90%的外资企业都设在首都圈中，其他地区外资企业所占份额很少。此外，首都圈外贸集装箱货物吞吐量占全国 1/3 左右，首都圈空港的国际旅客人数超过 4000 万，占全国国际旅客总数量的 50%还多。

第二节 伦敦和东京首都圈城市规划实施的成效

伦敦和东京首都圈在优化空间结构，合理化产业分工布局，发展绿色低碳等方面成效卓然，较为成功地实现了人口疏解、产业转型升级和城市竞争力的提升。在世界权威咨询公司 Resonance Consultancy 公布的 2021 年度《世界最佳城市报告》排名中，英国伦敦连续七年获得榜首，当选全球最佳城市；日本东京排名第六①。

一、首都圈空间结构实现从单核到多核的转变

两大首都圈均经历了从单核到多核的转变，以伦敦和东京为核心，建立层级式的圈层结构，通过圈层拓展的方式疏散中心区的产业和人口。

1944 年伦敦设置绿带、建设 8 座卫星城，通过圈层拓展的方式疏散中心区的产业和人口。进入 20 世纪 70 年代后，又兴建了彼得伯勒、米尔顿凯恩斯、北安普顿等 3 座功能相对独立的新城，以分散中心城区的功能，逐渐形成多核心的空间结构。大伦敦地区规划了 5 类功能区，以分解城市综合功能：中心区定位为伦敦金融和商业服务部门、贸易机构等的集合；住宅生活区强调保留老伦敦特色；机遇发展区和集约发展区则主要提供新的住房、配套设施以及良好的公共交通；贫困再造区则主要通过教育、培训等促进这些地区的经济增长；中心镇承担大伦敦居住和就业需求，促进大伦敦多中心发展。

东京首都圈初期的建设思路吸收了大伦敦的发展经验，针对产业过度集中、商务办公云集、人口膨胀、地价高涨、交通与环境污染日益恶化等问题，制定出“多级分散”的国土开发战略，旨在东京首都圈形成“多极

① 这项排名涉及的评选因素包括区位、人口、设施、经济、文化等多个方面。如经济方面包括全球 500 强公司数量、人均 GDP、收入水平、失业率等多个指标。

多圈域”的中枢功能分散的格局。从历次规划、功能疏解以及产业转移的情况来看，东京都作为东京都市圈的核心，是日本的政治、经济、文化中心、国际金融中心以及创意产业中心；中间圈层主要承担国际空港、科教、研发、商务以及居住功能，同时还承担了部分高科技产业的生产功能；外围圈层主要承担居住、大学与科研机构、工业生产、旅游、远郊农业等功能。东京多中心城市结构的形成，改变了原有的单中心模式，一定程度上实现了通过建设副中心，集中容纳国际控制功能，扩散次级功能，控制城市规模过度扩张，建设国际城市的设想。

二、实施合理的产业布局与地域分工，实现产业结构升级

（一）实施合理的产业布局与地域分工

在城市产业的空间分布上，制造业向郊外迁移，生产服务业向大都市中心地区集中。从空间分布上，伦敦中心区定位为国际、国内和伦敦市的经济、文化中心，是伦敦参加全球竞争的核心地区；内伦敦主要是以经济增长为导向，并具有维持区域均衡和社会稳定的功能；外伦敦主要是以增加新的教育科研机构、知识产业等来刺激形成新的经济增长点，并通过大型交通基础设施的建设加强与中心区的可达性，支持中心区和内伦敦的发展。

东京形成了“东京都—近郊三县—远郊四县”的产业圈层分工体系。东京都发展高端生产性服务业，如国际金融、信息服务、文化产业等，制造业功能全面弱化；近郊三县重点突出批发零售业与制造业，以及对港口资源依赖度较高的石油、化工、钢铁等重型产业；远郊四县主要发展食品、机械制造、材料等行业门类。首都圈内各地区依据自身区位、资源等优势实行产业的错位发展，东京作为日本的首都，承担着政治中心、文化集合、经济枢纽的职能，同时东京更是世界上首屈一指的金融中心；埼玉县则定位为副都，承接东京一部分的政府职能，并且凭借其发达的交通网成为首都圈的交通枢纽；千叶县作为工业重县，工业企业在这一区域集群发展，

同时货运业发展向好；神奈川县凭借其港口优势积极发展对外贸易，其在工业定位上与千叶县的显著区别在于神奈川县更侧重于高附加值的工业。

（二）实现产业结构升级

伦敦和东京在产业发展上呈现出共同的趋势：制造业日益消退，第三产业迅速发展，生产服务业成为经济增长的主要推动力。国际金融创新和信息化的迅速发展直接推动了三大首都圈生产服务业的发展。伦敦首都圈产业结构升级表现为制造业外迁以及中心区服务业的高级化发展，形成分工合理、价值高端的联动产业链。20 世纪 70 年代末，撒切尔主导的经济自由化改革，使伦敦获得了巨大的发展机遇。自此之后，以金融服务业为主导的伦敦服务业，替代了制造业在伦敦经济中的重要地位，伦敦是世界级的金融中心，在全球金融领域有着重要影响力。20 世纪 50 年代伦敦制造业就业占到总就业规模的 1/3，20 世纪 90 年代早期衰减到 10%。在工业化完成后，伦敦把发展金融业和文化创意产业作为首都规划的重要内容，将金融业、文化创意产业作为新的经济增长点进行开发，以期提高本国的国际竞争力。1997 年之后，伦敦大力发展创意产业。经过 20 多年的发展，伦敦创意产业已成为带动经济增长的重要引擎。伦敦成功地实现了从“工业经济”向“服务经济”的转型，从“工业城市”向“金融城市”“创意城市”“科技城市”“智慧城市”的蜕变，成为应对全球竞争的典范。以位于伦敦东区，低收入人口集聚、配套设施不足的肖尔迪奇为例：2016 年的《大伦敦规划》将东伦敦科技城定在这里，政府投入 4 亿英镑并制定优惠政策，吸引思科、英特尔、亚马孙、彭博、推特和高通等公司在此聚集。在 2012—2015 年间，伦敦的科技企业数量增加了 76%，从不足 5 万家增加到 8.8 万家。仅东伦敦地区就汇聚了 3200 家创业公司，创造了 5 万多个就业岗位，而肖尔迪奇的科技企业工作岗位就占全伦敦就业岗位总数的 27%左右。如今的肖尔迪奇已焕然一新，东伦敦科技城已成为当之无愧的欧洲成长最快的科技枢纽。

在战后日本经济高速增长时期，制造业对东京首都圈的经济增长贡献度最高。从 20 世纪 80 年代以后，在制造业贡献度明显下降的情况下，以服务业为代表的第三产业迅速成长，促进了地区产业结构的转型升级。2017 年东京首都圈的地区生产总值中，第三次产业产值占比为 75.9%。东京在向世界城市发展的过程中，与企业总部职能、金融中心职能相关联、相匹配的各类高度专门化面向企业的服务业蓬勃发展。在泡沫经济崩溃后，日本经济陷入长期低迷的 20 多年间，东京的服务业仍然保持了高于全国平均水平的增长率。而信息通信产业向东京高度集聚，充分体现了东京作为世界城市和日本政治、经济和文化中心的重要地位。2010 年，东京通信产业的销售额高达 58.5 万亿日元，约占全国的 60%。表现尤为突出的是信息通信业中的动漫产业。

三、人口变动从集中到疏散，再到集中

伦敦首都圈人口变动情况总体上呈现出“人口向中心城市聚集—郊区化引发人口外流—中心城市复兴带来都市圈人口的再度回升”三个明显的阶段性特征。19 世纪 50 年代到 20 世纪初，伦敦首都圈人口增长相对较快。20 世纪初到 20 世纪 40 年代，城市人口呈现出缓慢增长态势。1939 年的伦敦人口约 861.7 万人，达到顶峰。20 世纪 50 年代到 70 年代，逆城市化进程出现。1981 年下降到 661 万，达到最低点，比 1939 年减少 23%。20 世纪末伦敦作为世界城市的地位不断加强，吸引力不断提高，首都圈人口开始回升：2001 年 717 万；2014 年超过 860 万，达到 1939 年以来的最高记录。2018 年大伦敦政府提出了《共创智慧伦敦路径图》，人工智能产业的蓬勃发展将有力地支撑伦敦人口在 2050 年达到 1100 万的预期目标。

二战后，东京首都圈人口一直处于增长态势。1945 年到 20 世纪 70 年代，为人口快速增长阶段：人口大量向首都圈、名古屋圈及关西圈为中心的太平洋沿岸巨型城市带聚集；1970 年首都圈人口占日本总人口的 28.9%。20 世纪 70 年代以来，伴随着日本经济的低速增长，首都圈人口的增长也进入低速增长期。1990 年首都圈人口有 3939 万，2010 年首都圈人口为 4347 万，20 年间人口增长了 10.36%。东京首都圈人口变动情况与

伦敦相似。1955 年到 1960 年，首都圈人口以聚集为主；1960 年后走向疏散，1980 年左右基本完成疏散过程。1985 年到 1995 年的 10 年间，东京都以及都心三区的人口增长率均为负数，尤其是都心三区在 1985 年至 1990 年间的增长率低到－18.2%，因为 20 世纪 80 年代后期正是日本泡沫经济膨胀时期，房地产价格的不断攀升，致使 1990 年东京都 23 区的地价总和高涨到了可以购买美国全部国土的水平，房地产价格的高涨迫使居民搬离东京都，尤其是都心三区。1995 年后东京都人口开始增加并超过 1990 年以前的数量，其中都心三区人口从负增长转为正增长；近邻三县增长较稳定；周边四县人口增长缓慢并转为负增长。可见，首都圈（确切地说是东京都市圈，不含周边四县）依然发挥着人口聚集的作用。尤其是都心 3 区，在日本全国人口转为负增长的情况下，一直保持着高达两位数的增长速度，虹吸效应明显（参见表 5-2）。

表 5-2 日本首都圈各地区人口增加率 （单位：%）

	1985—1990	1990—1995	1995—2000	2000—2005	2005—2010	2010—2015
日本全国	2.1	1.0	1.1	0.7	0.2	－0.8
首都圈	4.7	2.6	2.3	2.6	2.6	0.8
东京都	－2.3	－2.4	2.5	4.2	4.6	2.7
都心 3 区	－18.2	－8.4	10.0	21.7	15.0	18.1
近邻 3 县	8.1	4.3	2.6	2.6	2.5	0.7
周边 4 县	3.5	3.0	1.0	0.0	－0.7	－1.9

资料来源：①国土庁，国土交通省．「平成 17 年版首都圏白書」．東京：大蔵省印刷局，2006.

②国土庁，国土交通省．「令和 2 年版首都圏白書」．東京：大蔵省印刷局，2021.

四、绿色低碳发展成效卓然

两大首都圈非常重视本地区的绿色低碳发展。2003 年，英国首次正式提出低碳经济概念，把建立低碳社会提升为基本国策。2014 年，大伦敦政府以建立低碳伦敦为目标，编制《伦敦 2050 远景基础设施规划》，成立绿色基础设施工作小组，加大对住房、绿地等基础设施的投入。2018 年，大伦敦政府发布了面向 2050 年的《伦敦环境战略》。这是全球首个符合《巴黎协定》最高目标的战略文件，提出了把伦敦建设成为“最绿色全球城市”的目标：到 2050 年，伦敦将成为全球空气质量最好的城市，要建成世界首个国家公园城市，建成建筑节能、交通清洁和能源清洁的零碳城市。《东京构想 2000》提出了环境与健康、可持续发展的战略目标和措施。这些内容均体现出绿色发展对于未来城市发展的重要意义。

伦敦低碳城市建设采取主要的措施有：（1）帮助企业减少碳排放，鼓励所有企业的新投资都要向低碳一体化过渡。（2）绿色交通。通过引进碳价格制度，征收二氧化碳税，即根据二氧化碳排放水平，向进入市中心的车辆征收费用，降低地面交通运输的碳排放；大力发展电动汽车，将伦敦打造成为欧洲电动汽车之都。（3）绿色建筑。改善现有和新建建筑的能源效益；推行“绿色家居计划”，向伦敦市民提供家庭节能咨询服务。（4）推行智能电网，发展低碳及分散的能源供应。在伦敦市内发展热电冷联供系统，发展小型可再生能源（风能和太阳能）装置等，代替部分由国家电网集中供应的电力，从而减少因长距离输电导致的损耗。（5）政府绿色采购。市政府严格执行绿色政府采购政策，采用低碳技术和服务，改善市政府建筑物的能源效益，鼓励公务员养成节能习惯。

在实践中，伦敦通过发展绿色交通、绿色建筑、政府绿色采购等措施，成为绿色低碳城市建设的领跑者。

二战后，借助美国的支持与自身便利的交通条件，东京大力发展重工业。在创造经济繁荣的同时，东京的环境污染问题也日益严重。1970 年，日本开始进行节能减排，治理环境问题。通过 20 年的努力，东京基本实现了节能减排目标，工业能耗大幅下降，二氧化硫排量基本达标，环境得到了较好的治理。东京主要通过三个方面的措施推动绿色低碳发展，即推动经济的去工业化，推动知识密集型产业发展，推动生态宜居城市建设。目前，东京已成为日本绿色低碳城市建设最为成功的典范之一，在大力研发绿色低碳能源、低碳科技、低碳交通、低碳建筑，以及提倡低碳工商业与低碳家庭生活等方面取得了很大成效。东京的低碳城市建设侧重于项目引导，并以项目治理为核心。东京市政府于2007年出台了《东京气候变化战略——低碳东京十年计划的基本政策》，2010年后又出台了《东京气候变化战略——进展与展望》等一系列战略规划。政府与企业在工商业、交通、建筑、家庭、循环利用与低碳信息化等多个领域进行合作，并将低碳理念贯彻到城市建设和发展的各个领域，使东京成为全球第一个建立与推行城市碳总量控制与排放交易体系的地区。

此外，20世纪90年代后，东京首都圈在促进城市发展的同时，也注重农业的振兴及其生态和环保功能的发挥，重视农业在土壤保护、水源涵养、田园景观形成、民俗文化传承等方面的作用。首都圈的农业不仅为居民担负着供给新鲜农副产品的任务，还为居民提供了近距离的怡然绿色空间、农业体验场地和灾害紧急避难场所，对东京城区的温度和湿度也起到了良好的调节作用。

第三节 伦敦和东京首都圈城市规划实施的特征

伦敦和东京首都圈通过多次的城市规划，优化了空间结构，在疏解非首都功能和治理大城市病，尤其是治理环境污染、缓解交通拥堵等方面提出了诸多有效措施，但也存在某些规划的前瞻性不够，对第三产业的发展估计不足，对新城疏散人口的作用估计过高等问题。两大首都圈在城市规划的实施方面具有某些相同的特征。

一、政府主导与民主决策相结合制定城市规划

城市规划作为协调各方利益、确保整体利益最大的有效手段，对首都

圈的健康发展起着举足轻重的作用。在历次伦敦规划的制定中，英国政府9个地区的38个部门联合参与，空间设计规划部门会征询经济发展部门的意见，经济发展部门在制定政策的时候也和空间规划部门进行磋商。大伦敦政府（GLA）成立后，与公众及商界的关系逐步增强，商界人士踊跃加入大伦敦政府的各类部门和工作小组，广泛参与大伦敦政府的规划制定。《大伦敦空间发展战略》于2004年颁布，之后分别于2008、2011、2016、2021年四次修订，其编制是一个开放性的工作过程，曾多次、广泛征询公众意见，是一个经历了民主决策过程并具有法定意义的战略性规划。

日本在1992年修订《城市规划法》时，开始意识到公众参与城市规划的重要性。公众参与的主要形式有说明会、听证会、审议会、公众展览和告示等。《城市规划法》明确了公众参与城市规划的法律地位，《城市规划指南》提出公民参与是实现民主或通过伙伴关系发展城市规划的措施之一。1995年发布的《编制城市总体规划的构想和近期方针》指出，地区居民的参与是编制总体规划的重要支柱。2002年修订的《城市规划法》，又创建了“城市规划提案制度”。在2005年东京第六次规划过程中采用各种方式鼓励各种利益相关者参与，尊重地方的要求，培养地方自主发展能力，实现中央政府和地方政府的伙伴关系，通过双方的合作建立不同区域的规划。

二、政府运用法律手段保障城市规划的实施

在两个首都圈建设中，法律手段均发挥了重要作用。1944年大伦敦规划就是在1938年《绿带法》规定的绿带用地要求下规划的绿带环、森林公园和大型公园绿地。1945年英国政府成立新城委员会。1946年议会通过《新城法》，将新城建设从大都市战略提升至全国战略，为新城选址、定位等提供了更多法律支持，如米尔顿·凯恩斯新城的目的是疏解伦敦人口和产业。1978年通过了《内城法》，开始注重旧城的保护和改建。此外，通过立法提高环保标准，倒逼传统产业疏解，促进绿色城市建设。伦敦曾因过度发展引起环境恶化，如1952年伦敦烟雾惨案。这是发生在1952年12

月的事件，受伦敦上空反气旋的影响，大量工厂生产和居民燃煤取暖排出的废气难以扩散，整个城市被浓厚烟雾笼罩，交通瘫痪，严重影响了居民生活和健康，许多人因这场大烟雾而死。这一事件成为20世纪十大环境公害事件之一。1956年伦敦颁布了世界上第一部《清洁空气法案》，划定了禁止使用有烟燃料的烟尘控制区，倒逼燃煤电厂与部分重工业设施关闭或迁出伦敦；1995年《环境法》又进一步制定了78个行业标准，几乎将伦敦市内高耗能和污染性行业全部迁出；2008年伦敦设立机动车"低排放区"，从管制时间、地域、对象、排放标准、收费金额及处罚细则等方面规定了进入低排放区车辆要求，也抑制了中心城区物流和大型商贸等业态的发展。

日本政府先后制定了《土地基本法》《国土综合开发法》《首都圈整备法》和《首都圈建设法》等相关法律，为首都圈规划提供了保障和依据。1956年日本公布的"首都圈建设法"中，强调要在东京100千米范围内大规模建设卫星城市。1960年，日本政府制定了大都市区建设的基本规划，其中规定了大都市区中心城市的相应标准。中心城市必须是50万人以上的城市，或者是几个50万人以上相邻城市组成的区域。对周边部分中小城市的限定是其行政范围至少有50%的人到中心大城市通勤上班。依据日本《首都圈整备法》，首都圈整备委员会制定首都圈建设规划时，要充分听取相关中央行政机关和都县领导的意见，并将规划内容通知相关行政机构和民间团体，以提高规划实施的效果。为促进《首都圈整备法》的顺利实施，日本政府又先后颁布了《首都圈近郊整备地带与城市开发区域整备法》《首都圈近郊绿地保护法》《首都圈既成市街区施工限制法》和《多级分散型国土形成促进法》等相关法律，不断完善和引领首都圈的经济与社会发展。

三、注重首都圈交通体系的规划和建设

方便、快捷、经济、舒适的交通网络体系不仅是推动首都圈经济发展的硬件支撑，还决定着首都圈发展的规模和速度，对提高区域经济效率和

生活质量起着重要的推动作用。两大首都圈均大力发展公共交通，扩大公共交通的辐射范围。伦敦作为首都圈的核心区域，已经形成了轨道交通与道路交通相衔接，地上与地下相结合，集地铁、火车、轻轨、公交、出租车于一体的立体化公共交通网络。1830 年世界第一条铁路在伦敦通车，铁路建设引领伦敦都市圈的空间拓展。1863 年世界第一条城市地铁在伦敦开通，到 20 世纪初已形成较完善的城市地铁系统。伦敦推行以轨道交通和高速公路并重的现代交通发展模式，拥有 12 条线路、400 千米总长的地铁网，由 M25 环路和九条外围放射性道路组成"一环九射"的高速公路网。城市公路系统完善，中心城市与中小城市交通协调发展。

2000 年伦敦市出台了新世纪交通发展战略，政府的工作重点之一就是加强公共交通基础设施建设。在城市和交通规划方面，伦敦实行交通发展与土地开发相结合的公共交通引导城市发展（TOD）模式。在未完全开发地区，以公共交通引导城市发展，沿着车站服务圈建设商业或办公中心。在市区建成后，设置车站时考虑与已有设施有机对接，从伦敦市中心区内任何一个地铁站出来都能很方便地到达该区域的地标建筑或商业设施。每年都有大量政府预算和私人资金投入公共交通建设之中。2002 年 10 月，英国交通部出台减缓交通堵塞计划，投资 1.5 亿英镑，在 92 个堵塞严重地区实施改进计划，改善主要公路和高速公路的路况条件，包括在使用率较高的高速公路和环城公路上设立新的公路转盘并更换车道标志。为迎接 2012 年伦敦举行的奥运会，满足每天 1000 万人次使用公共交通工具的需求，伦敦市交通局制定了总额为 100 亿英镑的 5 年（2005—2009 年）公共交通基础设施投资规划，其中 60 亿英镑来自政府投资和银行贷款，40 亿英镑来自私营部门。《大伦敦规划 2016》把空间分区政策与交通规划有效结合，以促进伦敦不同空间地域的协调发展。

日本首都圈是世界范围内公认的以轨道交通为主的大都市圈，包括地铁、私铁、日本国铁（JR 线）三种形式，三者比例占到 55.6%。在交通出行方式上，也形成了一定的圈层分工：40 千米以内以地铁为主，连接了东京 23 区及近郊联系紧密的一体化地区（如八王子、大宫等）；40—80 千米以市郊铁路（私铁）为主，联通了日本首都圈的绝大部分城市；都市圈与都市圈之间主要依托国铁和高速公路联通。同时，轨道交通对于优化东京城市空间结构起到了重要作用——通过轨道引导发展卫星城市（如多摩新城、筑波新城等），疏散东京都过于集中的城市功能。例如筑波快线，它是连接东京首都圈核心区与筑波卫星城之间的一条市域快线，隶属于东京首都圈新都市铁道公司；起点为市中心的秋叶原站，终点是筑波站，线路全长 58.3 千米，跨越东京都、埼玉县、千叶县和茨城县一都三县；该线是市域轨道交通设计、建设和运营的典范，2005 年通车运营，其日均客流量呈逐年增长态势。东京城市轨道交通建设，在资金上得到了政府的支持，如日本地铁建设采用补助金制度，对市郊铁路，由国家和地方政府负担 36% 的补贴，而对单轨等新交通方式，国家补贴则高达 2/3。

东京首都圈的交通规划主要包含在 1958 年以来的历次首都圈基本规划中，强调以交通带动城市发展。如 1958—1975 年以东京都为中心的放射状交通网络规划。1999 年推出的“多极多圈域”基础上的“分散型网络空间结构”，大力推进广域交通基础设施的建设和改造。进入 21 世纪以来，首都圈环线道路建设成为重点，形成了三环九射高速公路网。在 2017 年的《都市营造的宏伟设计——东京 2040》中，为实现以高质量的交通基础设施支持高密度城市生活目标，修订了街区重建城市建设条例，并有计划地更新首都高速公路，推进都心环线等老旧设施的更新重建工作。

城市轨道公共交通促进了城市中心功能的集中、居住与工作的功能分区，缩短了中心城市与周边城市、居住区与商务区之间的时间距离，并有效地减缓了汽车交通所带来的环境污染。正是由于轨道公共交通系统及其技术的发展才使得中心城市的过度扩张和东京超大城市圈成为可能。但是，过长的通勤时间及拥挤的通勤环境又导致了新的社会问题。

四、从城市规划的设计到实施均注重首都圈的绿色低碳发展

从 1944 年第一部大伦敦规划到 2021 年新版《大伦敦空间发展战略》，

都体现了对环境、生态及可持续发展的重视。比如节能减排、低碳经济、水资源和动植物资源保护。此外，大伦敦在空气质量、噪声污染、废弃物处理等方面均有严格的制度安排，规范每一个居民的行为方式以符合环保的要求。2018 年的《伦敦环境战略》提出了减缓并适应气候变化的目标和措施，这是全球第一个符合《巴黎协定》最高目标的政策文件。

绿色低碳发展以产业转型升级为基础。伦敦在 20 世纪四五十年代，把工业尤其是污染性的工业转移出去，然后在中心城区大力发展商业服务业、金融业。通过 20 世纪 80 年代中期和 90 年代末的两次改革，促进了伦敦现代金融业崛起。英国政府文化、媒体和体育部，实施创意伦敦的概念运作。目前，创意产业已成为超过金融服务业的第一大支柱产业。可见，金融服务、创意产业带动了伦敦首都圈的产业转型升级。

东京的历次规划均体现了以产业、居住、交通、环境等为主题的理念，以解决产业过度集中、人口膨胀、交通与环境污染日益恶化等问题。进入 21 世纪，提出了“建设具有世界典范魅力的环境先进城市东京”的基本理念。这个基本理念可以进一步解释为：以提高经济活力、确保安全和安心的生活为基础，努力减少城市全体的环境负荷，把进一步营造丰富绿地和美丽景观作为重点，使东京都市圈再生。2006 年 12 月东京都提出的《十年后的东京——东京在变化》，其中与环境和低碳有关的内容包括建立绿色通道和网络，建设 1000 公顷的绿地，实施多种节能政策实现世界环境负荷最少的城市，等等。

在实践中，东京把交通、能源和城市绿化等领域的低碳对策与多核多圈层的城市空间结构相结合。

五、城市规划的前瞻性存在缺陷

1944 年大伦敦规划体现了 20 世纪初期以来西方国家城市规划的一些主要思想。规划中对所要解决的问题的分析和处理具有清晰的条理性，但前瞻性不够。比如对 20 世纪 60 年代以后第三产业的发展估计不足，对新城疏散人口的作用估计过高。从实践上看，政府对新城建设投资较大，使伦敦出现了严重的财政问题和中心城区衰败问题，如中心区常住人口持续下降、部分街区沦为贫民窟、城区犯罪率持续上升等。1980 年撒切尔政府宣布，在 20 世纪 90 年代前解散新城委员会和开发公司，政府对以后所有的新城扩展项目均不予贷款，只能是私人投资。伦敦在 20 世纪末停止新城建设，转而大力复兴内城，可以说是对过去高强度城市疏解的纠正。

此外，新城人口大部分来自外地，对疏散伦敦人口的作用不够明显，在某些方面反而增加了对伦敦的压力。例如英国新城建设的典范米尔顿·凯恩斯，东南距伦敦 80 千米，是一个相对独立的第二代新城，在 2019 年全球城市 500 强榜单中位居第 219 名。设立此新城的初衷是建设一个 25 万人口的新的反磁中心，依靠其完善的公共福利设施、便利的交通、贴近自然的优势，以及优惠政策，吸引伦敦的企业入驻，吸纳更多的伦敦人口前来就业。米尔顿·凯恩斯从 1967 年开始规划建设，之后其人口由建立之初的 6 万人逐渐增长到 2017 年的 26.75 万人。2017 年新城有 18.1 万人就业，其中雇员 17.9 万人，在职业主 0.2 万人①；新城是英国经济增长最快的 5 个城市之一，2019 年其地区生产总值达到 145.6 亿英镑，生产效率也远高于英国全国水平。随着人口的增加和经济的快速增长，交通拥堵成为新城发展的最大挑战。米尔顿·凯恩斯通过制定“智慧城市”规划以缓解此问题。它借助“英国的物联网示范区”建设的契机，建立城市数据中心，大力发展数据市场，开创无人车计划和智慧基础设施建设。投资环境的改善，使得奔驰、大众、尼桑、雅马哈等知名企业将总部设在这里。米尔顿·凯恩斯新城实现了以人为本、生态优先与产城融合，但是对疏解伦敦人口的作用不明显——新城约有 1/3 的人员是到伦敦工作。

东京首都圈有四个规模较大的新城——筑波、多摩、港北和千叶，后三个基本是卧城。例如多摩新城，是日本早期建设的三大新城之一，由东京都政府和日本住宅公团主导建设，规划人口规模达 34.2 万，规划于

① Milton Keynes Council. local economic assessment 2019[R/OL].(2019-07-01)[2021-10-12]. https://www.milton-keynes.gov.uk.

1965 年完成，在 1971 年实现首批人口入驻。多摩新城通过快速提供大量住宅，解决了首都圈中心区从业者的居住问题，支持了东京中心区的产业集聚与经济发展。在 1990 年代初日本泡沫经济崩溃后，首都圈中心区地价回落。为促进经济复苏，政府推行“都心居住”运动和城市更新战略，东京市中心开展了大规模的城市更新和建设，新建了大批的写字楼，推动人口和资本向东京中心区进一步集中。而多摩新城随着人口的减少以及人口老龄化的加速，住房空置率逐渐上升，商业不断撤退。当日本政府和东京都政府所主导的东京首都圈发展战略不再关注多摩新城时，它必然走向衰落。

东京周边的大多数新城位于距城市中心 30—40 千米的范围内，目前已基本与中心城市连成一片。理论上，用来疏散中心城市功能的相对独立的新城在某种程度上已变成了容纳向首都圈聚集的外部人口的地区，加剧了城市圈扩展的进程。现实中，较高层次的商务、商业仍依靠城市中心地区，这增加了城市中心区的压力。近年来，日本人口连续负增长，而东京圈的人口连续正增长，以至于 2019 年日本政府开始实行补贴政策，对愿意迁出东京的国民提供最高 300 万日元的补贴。

参考文献

[1] 何丹，谭会慧.“规划更美好的伦敦”——新一轮伦敦规划的评述及启示［J］. 国际城市规划，2010，25（04）.

[2] 冯奎，郑明媚. 中外都市圈与中小城市发展［M］. 北京：中国发展出版社，2013.

[3] 王如昀. 伦敦与北京圈层数据比较分析［J］. 北京规划建设，2020（02）.

[4] 田颖，耿慧志. 英国空间规划体系各层级衔接问题探讨——以大伦敦地区规划实践为例［J］. 国际城市规划，2019，34（02）.

[5] 任永菊. 伦敦“梯度型”都市圈形成之源对雄安新区规划建设的启示与建议 [J]. 经济社会体制比较，2018 (03).

[6] City of London. Employment trends in financial services and beyond in the City, London and Great Britain[R/OL]. (2020-06-23)[2020-12-10]. https://www.cityoflondon.gov.uk.

[7] 谭纵波. 东京大都市圈的形成、问题与对策——对北京的启示 [J]. 国外城市规划，2000 (02).

[8] 卢明华. 东京大都市圈内各核心城市的职能分工及启示研究 [J]. 地理科学，2003 (02).

[9] 智瑞芝，杜德斌，郝莹莹. 日本首都圈规划及中国区域规划对其的借鉴 [J]. 当代亚太，2005 (11).

[10] 刘瑞，伍琴. 首都经济圈八大经济形态的比较与启示 [J]. 经济理论与经济管理，2015 (01).

[11] 赵儒煜，冯建超，邵昱晔. 日本首都圈城市功能分类与空间组织结构 [J]. 现代日本经济，2009 (04).

[12] 张良，吕斌. 日本首都圈规划的主要进程及其历史经验 [J]. 城市发展研究，2009，16 (12).

[13] 国土庁，国土交通省. 「平成 17 年版首都圈白書」. 東京：大蔵省印刷局，2006.

[14] 王德，吴刚德. 东京城市转型发展与规划应对 [J]. 国际城市规划，2013，28 (06).

[15] 郑京淑，郑伊静. 东京一集集中及城市辐射研究 [J]. 城市观察，2013 (05).

[16] 平力群. 日本经济变迁与首都圈规划更迭——以影响资源配置为视角 [J]. 现代日本经济，2019 (02).

[17] 游宁龙，沈振江，马妍，等. 日本首都圈整备开发和规划制度的变迁及其影响——以广域规划为例 [J]. 城市规划，2017 (02).

[18] 马璇，张振广. 东京广域首都圈构想及对我国大都市圈规划编制的启

示 [J]. 上海城市规划，2019 (02)
[19] 日本総務省統計局. 日本の統計 2021 [R/OL]. (2022-02-23) [2022-2-30]. http://www.stat.go.jp/.
[20] 国土庁，国土交通省.「令和 2 年版首都圏白書」. 東京：大蔵省印刷局，2021.
[21] 吴唯佳，唐燕，向俊波，等. 特大性城市发展和功能演进规律研究——伦敦、东京、纽约的国际案例比较 [J]. 上海城市规划，2014 (06).
[22] 冷炳荣，王真，钱紫华，等. 国内外大都市区规划实践及对重庆大都市区规划的启示 [J]. 国际城市规划，2016 (06).
[23] 同工. 世界主要城市公共交通发展经验 [J]. 城市公共交通，2012 (08).
[24] 王淑伟. 东京都市圈轨道交通与城市空间互动发展经验 [J]. 综合运输，2021，43 (05).
[25] 毛新雅，彭希哲. 伦敦都市区与城市群人口城市化的空间路径及启示 [J]. 北京社会科学，2013 (04).
[26] 黄曦颖，周君. 东京的人口调控经验及对我国特大城市发展的启示 [J]. 区域经济评论，2019 (03).
[27] 邓凌云，张楠. 日本城市规划中公众参与的制度设计研究 [J]. 城市发展研究，2011，18 (07).
[28] 舒绍福. 从"雾都"到"碧园"绿色发展的伦敦经验 [N]. 中国经济时报，2016-6-16 (A05).
[29] 蒋长流，江成涛，杨逸凡. 新型城镇化低碳发展转型及其合规要素识别——基于典型城市低碳发展转型比较研究 [J]. 改革与战略，2021，37 (03).
[30] 徐金源，孙中俊. 以东京为鉴走绿色城镇化道路 [J]. 唯实，2016 (02).
[31] 单卓然，张衔春，黄亚平. 1990 年后发达国家都市区空间发展趋势、

对策及启示［J］. 国际城市规划，2015（04）.
［32］陈炜. 伦敦城市疏解经验及对广州的启示［J］. 探求，2018（06）.
［33］张贝贝，刘云刚. “卧城”的困境、转型与出路：日本多摩新城的案例研究［J］. 国际城市规划，2017，32（01）.
［34］李燕. 日本新城建设的兴衰以及对中国的启示［J］. 国际城市规划，2017，32（02）.
［35］邢琰，成子怡. 伦敦都市圈规划管理经验［J］. 前线，2018（03）.

第六章　京津冀区域协同科技创新及其测度分析

2014 年北京市科学技术委员会、天津市科学技术委员会及河北省科学技术厅签署《京津冀协同创新发展战略研究和基础研究合作框架协议》（以下简称框架协议）。2015 年中共中央审议通过了《京津冀协同发展规划纲要》，标志着京津冀区域协同创新进入到一个新的发展时期，成为三地协同发展的一个重要发力点。本章以 2014 年为时间节点，首先分析 2008—2019 年期间京津冀三地技术创新、技术产出和技术交易的阶段性特征，其次通过构建复合系统协同度模型测度全国 30 地区、环渤海 7 地区和京津冀 3 地的协同创新阶段性变化特征，最后梳理京津冀三地协同创新的成绩和存在的问题，提出具体的政策建议。

第一节　京津冀三地科技创新及技术交易特征

协同创新是不同创新主体创新要素的有机配合，通过复杂的非线性相互作用而产生整体效应的最优协同过程。区域协同创新显示的是区域内各创新主体合作创新状况和协同创新程度。要评价区域协同技术创新程度，需要了解各个地区的科技研发投入、技术产出和技术交易特征，本节使用《全国技术市场统计年报》和《北京技术市场统计年报》等数据，描述 2008—2019 年全国及京津冀三地区科技创新研发投入、科技产出、劳动生产率以及技术交易状况，便于直观显示京津冀三地的技术创新水平和特征。

一、京津冀三地的科研创新变动特征

2011 年国家科技部开始发布《国家创新指数报告》，含有 5 个一级指标，即创新资源、知识创造、企业创新、创新绩效和创新环境。研发投入是创新资源中的二级指标，一般用研发强度来表示；发明专利授权数是知识创造中的二级指标；终极的劳动生产率提高是创新绩效的主要指标。基于数据的可得性，笔者根据国家统计局网站和万德数据库数据整理得到表 6-1。

2008—2019 年，京津冀三地的科技创新可以总结出以下特征：

第一，从研发投入占当地 GDP 表示的研发强度看，京津冀三地出现了巨大分化。一般而言，当一国或地区的研发强度不足 1%时，研发处于技术使用阶段；研发强度在 1%—2%之间时，研发处于技术改进阶段；研发强度超过 2%，研发进入技术创新阶段；超过 2.5%则进入创新国家和地区行列。北京在 2008 年就达到了 5.25%，已经远远超过创新国家或地区行列；2019 年达到 6.31%。天津也在 2008 年达到 2.45%，2011 年达到 2.63%，2019 年再创 3.28%的新高①。与北京和天津相比，河北省相当落后，2013 年之前不足 1%，属于技术使用阶段；2013 年达到 1%之后研发投入增长相当缓慢；2013—2018 年的五年时间投入均没有达到 1.5%，直到 2019 年刚刚达到 1.61%。与全国比较，河北省的差距也十分明显。全国平均研发强度在 2013 年达到了 2.03%，此后一直保持稳步增长，2019 年达到 2.23%。由此可见，与全国、北京市和天津市相比，河北省在科技研发投入方面均存在巨大差距，这也成为推动京津冀区域协同创新的内在动力需求和巨大潜力空间。

第二，京津冀三地专利授权数都出现了很大增长。2008—2019 年，北京市、天津市和河北省年专利申请授权数分别从 17747 项、6790 项和 5496

---

① 2017 年欧盟 28 个成员国的平均水平为 2.09%；OECD 国家平均水平为 2.37%，其中美国为 2.79%、德国为 3.04%、日本为 3.21%、韩国为 4%。

项，增长至 131716 项、57799 项和 57809 项，同比增长分别为 6.4 倍、7.5 倍和 9.5 倍，同比增长率高于全国平均水平（5.3 倍）；河北省的同比增长率甚至超过了始终居全国之首的广东省（7.5 倍）。从横向比较看，京津冀三地与广东省的差距还很突出：2008—2019 年，北京专利授权数占广东省的比重在 25%至 39%之间，河北省和天津市的占比也在 10%左右；三地之和仅占广东省的一半左右。从专利授权的环比增长看，京津冀三地与全国同样，表现出一定的波动性：北京专利授权环比增长从 6%到 46%；天津和河北省的波动更大，前者从 5%到 49%，后者从 6%到 50%；年均增长幅度分别高达 19.99%、21.49%和 23.85%，均高于全国的 19%，尤其是在 2016 年全国专利授权出现断崖式下降的情况下，京津冀三地的增长率均高出全国 4—5 个百分点。

第三，京津冀三地全员劳动生产率都有很大增加，三地差距虽有扩大，但出现趋同趋势。北京全员劳动生产率由 2008 年的人均 12.04 万元提升到 2019 年的 20.97 万元，天津由 8.01 万元提升到 14.27 万元，河北由 3.74 万元提升到 7.46 万元，全国的数据分别为 4.61 万元和 9.45 万元。从同比增长率来看，北京、天津和河北省同比增长率分别为 74%、78%和 99%，均低于全国同比增长率（124%）；北京和天津的同比增长率不高的原因主要在于基数较高，从环比增速来看，北京、天津的环比增速低于全国平均水平；河北省基本与全国保持了相同增速，但绝对值仅为全国水平的 80%左右，显示河北省的劳动生产率还有巨大的提升空间。若比较河北省与北京市、天津市的劳动生产率水平，2008 年河北省占北京的 31%，占天津的 47%，到 2019 年分别提高到 35%和 51%，说明京津冀三地劳动生产率出现了一定的趋同现象。

第四，若将样本期以 2014 年京津冀三地签署框架协议为节点划分为两个阶段考察的话，会发现以下新的特征。2008—2014 年北京市和天津市的专利申请授权数增长速度明显高于河北省水平，而 2014 年以后河北省增长水平则明显高于北京市和天津市增长水平，表明 2014 年以后区域技术创新规模和能力的趋同性要明显高于之前的水平。如 2008—2013 年，北京市、

表 6-1　2008 年以来京津冀三地技术创新变化情况

年份	R&D 占 GDP 之比（%）				专利申请授权数（项）					全员劳动生产率（万元）			
	全国	北京	天津	河北	全国	广东	北京	天津	河北	全国	北京	天津	河北
2008	1.47	5.25	2.45	0.67	411982	62031	17747	6790	5496	4.22	12.04	8.01	3.74
2009	1.70	—	—	—	581992	83621	22921	7404	6839	4.61	13.02	8.71	3.97
2010	1.76	5.82	2.49	0.76	814825	119343	33511	11006	10061	5.08	13.91	9.26	4.23
2011	1.84	5.76	2.63	0.82	960513	128413	40888	13982	11119	5.54	14.50	10.03	4.53
2012	1.98	—	—	—	1255138	153598	50511	19782	15315	5.95	15.08	10.60	4.80
2013	2.08	6.08	2.98	1.00	1313000	170430	62671	24856	18186	6.39	15.77	11.06	5.17
2014	2.03	5.95	2.96	1.06	1302687	179953	74661	26351	20132	6.84	16.70	11.49	5.50
2015	2.07	6.01	3.08	1.18	1718192	241176	94031	37342	30130	7.31	17.41	12.01	5.86
2016	2.12	5.96	3.00	1.20	1753763	259032	100578	39734	31826	7.79	18.09	12.66	6.27
2017	2.15	5.64	2.47	1.33	1836400	332652	106948	41675	35348	8.33	18.91	13.20	6.70
2018	2.14	6.17	2.62	1.39	2447460	478082	123496	54680	51894	8.90	20.32	13.62	6.99
2019	2.23	6.31	3.28	1.61	527390	131716	57799	57809	22398	9.45	20.97	14.27	7.46

资料来源：根据国家统计局网站和万德数据库所提供数据整理而得；2009 年和 2012 年北京、天津和河北省的研发强度数据缺失。

天津市与河北省分别增长 2.6 倍、2.5 倍和 2.3 倍，排在最后的是河北省；2014—2019 年三地区分别增长 65%、107%和 157%，河北省位居增长之首。初步显示京津冀区域协同创新战略对河北省技术创新具有积极推动作用，也表明三地区技术创新呈现出一定程度的趋同性。

二、京津冀三地技术流出入及北京技术流入津冀特征

技术市场成交额是指每万名科技人员平均的技术市场成交金额，反映技术转移和科技成果转化的总体规模，是区域协同创新的重要指标之一。技术交易统计一般分为输出技术和吸纳技术两类，了解京津冀三地的输出技术和吸纳技术状况，可以发现区域协同创新的一些特征，详见表 6-2。

第一，北京不仅是京津冀地区最大的技术交易主体，也是全国最大的技术交易主体。2007 年北京技术合同成交额占全国比重达到了 40%，到 2011 年一直保持这个比重；2017 年占比下降到 33%，2018 年再次降至 28%，但仍然排在全国第一位。因而以北京技术交易市场成交量作为重要测度指标具有显著的代表性和可信性。从输出技术和吸纳技术的成交额来看，输出技术成交额超出吸纳技术成交额的 1—2 倍，吸纳技术的合同数仅为输出技术合同数的 60%—70%。天津与河北之和的技术合同成交额仅为北京的 1/5—1/4。技术交易支撑着北京的经济发展，2019 年北京地区实现技术交易增加值 3209.7 亿元，比 2018 年增长 9.2%，占 GDP 的比重达 9.07%。

第二，天津市和河北省的技术交易与北京的差距不断加大。2008—2019 年，天津市输出技术合同数量稳步增长，吸纳技术合同数有较大波动，技术合同成交额呈现出阶段性特征。如 2008—2014 年，输出技术和吸纳技术的成交额基本保持平衡，2015 年后输出技术成交额超过吸纳技术成交额，2019 年前者是后者的两倍左右，显示天津开始向着技术净输出省市过渡。河北省属于净吸纳技术的省份，无论市交易合同额还是成交额都显示了这一特征：2008—2017 年，河北省输出技术合同成交额仅为吸纳技术

表 6-2 京津冀三地输出技术和吸纳技术变动情况

(合同数：项；成交额：亿元)

时间(年)	北京				天津				河北			
	输出技术		吸纳技术		输出技术		吸纳技术		输出技术		吸纳技术	
	合同数	成交额	合同数	成交额	合同数	成交额	合同数	成交额	合同数	成交额	合同数	成交额
2008	52742	1027.2	32583	395.1	9312	86.6	7285	87.6	4100	16.6	5683	80.1
2009	49938	1236.1	32341	482.6	9842	105.5	7246	138.2	4692	17.2	5420	49.0
2010	50847	1579.5	33370	498.0	9540	119.3	7291	103.9	4517	19.3	5664	129.2
2011	53550	1890.3	36021	679.3	11699	169.4	8750	174.0	4400	26.3	5871	69.0
2012	59969	2458.5	43513	974.4	13381	232.3	9084	204.8	4512	37.8	6071	115.3
2013	62755	2851.7	45408	945.4	15664	276.1	10934	236.1	4201	31.6	6124	96.5
2014	67284	3137.1	47015	1234.7	14947	388.6	11594	340.7	3232	29.2	6115	152.8
2015	72306	3453.9	50140	1147.5	12449	503.4	9439	330.7	3298	39.5	5989	145.3
2016	74983	3941.0	55480	1753.2	12934	552.6	9612	389.2	3856	59.0	6956	184.3
2017	81311	4486.9	55944	1887.5	12168	551.4	10208	421.2	4397	88.9	8109	303.2
2018	82486	4957.8	61216	2247.2	11214	685.6	9309	347.6	6240	276.0	10572	495.6
2019	83171	5695.3	65137	3223.8	13885	909.3	11277	461.5	7262	381.2	11324	583.6

资料来源：根据历年全国技术市场统计年报整理而得。

成交额的 1/4—1/3，2018 年和 2019 年输出技术成交额达到吸纳技术成交额的 50%—60%左右。

自 2014 年京津冀三地签署框架协议开始，北京市统计的技术市场统计年报中增加了向天津和河北流入技术数据，据此制成了表 6-3，可以直观考察京津冀三地的协同技术创新状况。

第一，北京市流入津冀技术的比重不断增加。从表 6-3 可以看出，2014 年以来，北京市流入天津和河北的技术成交额占流向外省市的比重不断增加，从 2014 年的 4.8%提高到 2019 年的 9.9%。根据 2019 年统计年报得知，北京市技术合同成交额呈现“37：50：13”的格局，即落地北京市的技术合同成交额为 2077.7 亿元，占全市成交额的 36.5%；流向外省市技术合同成交额 2866.9 亿元，占 50.3%；出口技术合同成交额 750.7 亿元，占 13.2%。北京市流入津冀技术的增长率也呈现出快速发展态势，有许多年份远远超过北京市流向外省市的技术增长速度，如 2016 年北京市技术流向外省市的成交额增长 6.3%，而对津冀技术流入成交额增长了 38.7%。这意味着京津冀协同以来，天津和河北成为北京市最大的技术流入区域，也可以说这是京津冀协同的最直接效果。河北利用所承接的北京技术，重点带动了城市建设与新能源和高效节能领域的发展。天津市以现代交通领域为发展重点，技术合同成交额快速增长。技术市场的数据表明三地在交通一体化、环境保护、产业升级转移领域出现了功能互补、错位发展、有机协同的势态。

第二，北京流入河北省的技术合同和成交额均远远高于天津市。从北京流入河北技术成交额增长率看，除 2015 年有 14%的负增长外，其余年份均有很大增长，呈现稳步增长态势，而对天津市的增长则出现大起大落，除 2015 年和 2019 年有两个爆发式增长外，其余均为负增长。从技术成交额的绝对值看，河北与天津相比也高出很多，2019 年流入河北的成交额为 193.8 亿元，流入天津的成交额为 33.6 亿元，二者相差了近 5 倍。

表 6-3 北京流入天津河北技术变动情况

（合同数：项；成交额：亿元；增长率：%）

时间	北京流入天津技术			北京流入河北技术			流入津冀成交占比	流入津冀成交额增长率
	合同数	成交额	增长率	合同数	成交额	增长率		
2014	1376	20.4	−47.3	2099	62.7	93.7	4.8	16.9
2015	1407	57.6	180.0	2291	53.9	−14.0	5.9	34.1
2016	1486	56.0	−2.8	2362	98.7	83.0	7.7	38.7
2017	1766	49.3	−12.0	2880	154.2	56.3	8.7	31.5
2018	1748	33.6	−31.8	3119	193.8	25.7	7.5	11.8
2019	1815	68.6	104.2	3093	214.2	10.5	9.9	24.4

资料来源：根据历年北京技术市场统计年报整理而得。

第二节 京津冀区域协同创新水平测度

区域协同创新程度的测度成为近年来的一个学术研究热点。本节在借鉴前人研究成果的基础，运用复合系统协同度模型，构建包括创新环境、创新投入要素和创新产出等在内的区域协同创新指标体系，通过对全国 30 个省市、环渤海 7 省和京津冀三地的测度比较，来分析京津冀区域协同创新变化特征。

一、复合系统协同度模型构建与说明

区域创新系统是由多个不同的相互作用的创新子系统组成的复杂动态系统，通过测评各子系统的有序变化趋势，可以分析区域整体的协同程度。这里借鉴鲁继通（2015）和孙丽文等（2018）的研究方法，运用复合系统协同度模型对 2008—2019 年京津冀三地协同创新进行测度和评价，并通过比较全国、环渤海地区和京津冀地区在不同阶段的技术协同创新状况，归纳、总结京津冀区域技术协同创新的具体特征。评价模型构建主要分为三

步：第一步，构建复合系统，按照一定规则进行地区子系统分类，并选择相应的序参数和系统的量化要素指标；第二步，计算不同时期和时间段各子系统序参量的有序变化趋势；第三步，综合测算整个区域创新协同系统的协同度。

整个区域创新系统 R 由 n 个子系统——地区 R_k（$k=1, 2, \cdots, n$）组成，子系统之间相互作用、相互博弈，通过共同协同发展推动系统从低级向高级的有效发展。设定第 k 个子系统由 m 个有序参量分量组成 $\lambda_k=(\lambda_{k1}, \lambda_{k2}, \cdots, \lambda_{km})$，序参量表示系统的有序结构与类型，可测度所有子系统对协同运动的贡献程度，序参量间协同效应可以推动系统从无序走向有序，假定其中 $\lambda_{k1}, \lambda_{k2}, \cdots, \lambda_{kl_i}$ 与区域创新系统协同程度呈现正相关，有序参量值越大表明子系统有序性越高，而 $\lambda_{k(l_1+1)}, \lambda_{k(l_1+2)}, \cdots, \lambda_{km}$ 与区域创新系统协同程度呈现负相关，此类有序参量值越小表明子系统有序性越高，同时分别以 α_{ki}、β_{ki} 为系统稳定状态下序参量分量 λ_{ik}（$i\in[1, n]$）的上限和下限，即当 $i\in[1, l_i]$ 时为正向指标，其值越大子系统的有序性越高；当 $i\in[l_i+1, m]$ 时则为负向指标，其值越大子系统的有序性越低。进一步有序度 $\mu_k(\lambda_{ki})$ 测算公式为：

$$\mu_k(\lambda_{ki})=\begin{cases}\dfrac{\lambda_{ki}-\beta_{ki}}{\alpha_{ki}-\beta_{ki}}, & i\in[1, l_i]\\[2ex]\dfrac{\alpha_{ki}-\lambda_{ki}}{\alpha_{ki}-\beta_{ki}}, & i\in[l_i, m]\end{cases}\tag{2.1}$$

公式（2.1）中 $\mu_k(\lambda_{ki})\in[0, 1]$，其值越大表明对子区域创新系统有序效应就越强，创新系统的 R_k 有序性可以通过对 $\mu_k(\lambda_{ki})$ 的集成来完成，考虑到集成方法会对区域创新系统的整体效应产生显著的影响，目前集成方法主要有几何平均法与线性加权法两种，分别如（2.2）式和（2.3）式所示。

$$\mu_k(\lambda_{ki})=\sqrt[m]{\prod_{i=1}^{m}\mu_k(\lambda_{ki})}\tag{2.2}$$

$$\mu_k(\lambda_{ki})=\sum_{i=1}^{m}w_i\mu_k(\lambda_{ki}), \quad w_i\geq 0, \quad \sum_{i=1}^{m}w_i=1\tag{2.3}$$

其中 w_i 为第 i 个子创新系统权重，采用反熵法测算获得（黄桂林，

2020)。通过反熵法所计算出来的指标间的权重差异程度相对较弱，不仅有利于消除极端情况下的指标失效问题，也可以在样本容量有限的情况下充分利用原始数据挖掘出尽可能多的信息。反熵法的具体计算步骤如下：

$$r_{ki}=\frac{\mu_k(\lambda_{ki})}{\sum_{i=1}^{m}\mu_k(\lambda_{ki})}$$

$$R_i=-\sum_{k=1}^{n}r_{ki}\times\ln(1-r_{ik}) \tag{2.4}$$

$$w_i=\frac{R_i}{\sum_{i=1}^{m}R_i}$$

当区域创新系统从 t_0 时刻演变到 t_j 时刻，则各创新子系统序参量有序度从 $\mu_k^0(\lambda_k)$ 演变为 $\mu_k^j(\lambda_k)$，整个区域创新系统在该阶段的演化协同度测算公式为（2.5）式——线性加权定义计算方法和（2.6）式——按照几何法定义的计算方法：

$$DGS=\theta\sum_{k=1}^{n}\eta_k\left|\mu_k^j(\lambda_k)-\mu_k^0(\lambda_k)\right|,\ \eta_k\geq0,\ \sum_{k=1}^{n}\eta_k=1 \tag{2.5}$$

$$DGS=\theta\sqrt[n]{\prod_{i=1}^{m}\left|\mu_k^j(\lambda_k)-\mu_k^0(\lambda_k)\right|} \tag{2.6}$$

公式中系数 θ、η_k 的计算公式为分别如（2.7）式和（2.8）式所示：

$$\theta=\frac{\min\left[\mu_k^j(\lambda_k)-\mu_k^0(\lambda_k)\neq0\right]}{\min\left[\left|\mu_k^j(\lambda_k)-\mu_k^0(\lambda_k)\right|\neq0\right]} \tag{2.7}$$

$$\eta_k=\frac{GDP_k}{\sum_{k=1}^{n}GDP_k} \tag{2.8}$$

其中 $DGS\in[0,1]$ 和 GDP 分别表示复合区域创新系统整体协同度和地区生产总值。复合区域创新系统整体协同度取值越大，则表明在从 t_0 时刻演变到时 t_j 刻区域创新系统整体协同度越高，反之则表明其协同度就越低。θ 为测度系统有序度正负向的系数，一般情况下，当所有子系统均保持上升趋势，则该系数为 1；若一些子系统的有序度上升幅度较大，而另一些子系统有序度上升幅度较小或回落，则整个系统就处于不稳定或不协调状态，该系数为－1，体现为 $DGS\in[-1,0]$。复合区域创新系统协同度的特征与变化趋势，主要是相对于基期的来考察的。

考虑到本章将会对不同区域组合展开测算分析，因而本章采用线性加权方法展开论证分析，这么做的理由主要有两点：第一，可以避免个别地区数据剧烈变化或者数值偏低对分析结果可能产生的较大影响，从而影响整体测算结果的科学性和稳定性；第二，与几何平均法相比，线性加权法综合考虑的因素信息更多，具有更广的考察范围和科学可信性。

同时由于传统的（2.5）和（2.6）式大部分只针对少数个别 2—3 地区展开论证分析，而本文计算最多可涉及全国 30 个地区，因此“只要其中有一个地区有序度低于基期水平，即判断整体的有序度为负”的判别标准已不再适用，故将其修改为“至少有 3 个地区有序度低于基期水平时，才可以判断整体有序度为负”，进一步将计量方法修正为（2.9）式：

$$\theta=\frac{\mathrm{sum}\sum_{i=1}^{n}\left(\mu_k^j(\lambda_k)-\mu_k^0(\lambda_k)\right)}{\left|\mathrm{sum}\sum_{i=1}^{n}\left(\mu_k^j(\lambda_k)-\mu_k^0(\lambda_k)\right)\right|} \tag{2.9}$$

二、指标构建与实证分析思路

京津冀区域协同创新是京津冀三地充分利用区域内的人力、物力等创新资源来实现技术、成果质量以及研发能力的高效关联提升，考虑到区域协同创新需要具备良好的创新环境、分工合作机制和优质的创新要素，因而构建包括创新环境、创新投入要素和创新产出的区域协同发展，具体指标构建和选择情况如表 6-4 所示。

表 6-4　区域协同创新指标体系

一级指标	二级指标	三级指标	序参量
创新环境	经济发展水平	人均 GDP（万元）	λ_1
	城镇化水平	城镇人口比重（%）	λ_2
	教育发展支撑	每十万人口高等学校平均在校生数（人）	λ_3
	网络支持	互联网宽带接入端口（万个）	λ_4

续表

一级指标	二级指标	三级指标	序参量
创新投入要素	财政科技投入	财政科技投入规模（亿元）	λ_5
	人力资源投入	规模以上工业企业 R&D 人员全时当量（人年）	λ_6
	新产品研发投入	规模以上工业企业开发新产品经费（万元）	λ_7
	研发投入规模	规模以上工业企业 R&D 经费（万元）	λ_8
创新产出	技术研发交易规模	技术市场成交额（亿元）	λ_9
	技术创新产出规模	国内专利申请授权量（项）	λ_{10}
	新产品研发水平	规模以上工业企业新产品销售收入（万元）	λ_{11}
	实际有效研发成果	规模以上工业企业有效发明专利数（件）	λ_{12}

创新环境指在区域技术创新过程中，能够提升创新效率的外部环境，包括外在的经济、教育、人力资源培育和市场完善程度等各类因素，基于数据可获得性和代表性本章选择四类指标，代表经济发展水平的指标为实际人均 GDP（万元）、代表城市化水平的指标为城镇人口占比重（%）、代表教育发展支撑的指标使用每十万人口高等学校平均在校生数（人），用互联网宽带接入端口（万个）代表区域内开展创新活动的网络支持建设水平指标。

创新投入指区域创新活动中投入的各类人力和物力资源，包括测度政府科技创新支持水平的指标——财政科技投入规模（亿元）数据、创新人力资源投入水平指标——规模以上工业企业 R&D 人员全时当量（人年）、企业新产品研发投入规模指标——规模以上工业企业开发新产品经费（万元）、企业研发投入规模指标——规模以上工业企业 R&D 经费（万元）。该四项指标的数值越高表示区域科技研发水平越高。

创新产出指区域创新成果规模和水平，包括测度技术研发交易规模指标——技术市场成交额（亿元）、技术创新产出规模指标——国内专利申请授权量（项）、新产品研发水平指标——规模以上工业企业新产品销售收入（万元）和实际有效研发成果——规模以上工业企业有效发明专利数（件）。

本节的实证分析数据主要来源于国家统计局网站和万德数据库。在数据处理方面，对于个别地区个别年份数据的缺失，采用指数平滑法进行补充。考虑到数据测算结果的平稳性和可信度，本节采用几何法定义的计算方法对各区域技术创新系统度展开测度。同时，为了进一步论证分析京津冀区域协同创新发展的时空特征，这里分别从地区特征、时间动态变化特点以及京津冀区域内部协同变化的时空特点，论证分析京津冀技术协同创新发展情况。

在地区特征层面，首先从空间比较分析京津冀区域协同创新情况，将大陆 30 个地区（由于西藏自治区的部分指标数据缺失而无法进行测度，因而将其从总体中去除）、环渤海地区（北京市、山东省、河北省、辽宁省、天津市、山西省、内蒙古）及京津冀区域划分为三组，通过实证分析不同区域的特征，明确京津冀区域协同创新程度和变化特征。

在动态变化特点层，从时间维度考察京津冀技术协同发展情况，以 2014 年京津冀三地签署框架协议为分界点，分别考察 2008—2014 年、2014—2019 年和 2008—2019 年三个阶段京津冀区域技术协同创新的变化情况，从区域技术协同创新发展的视角，论证分析京津冀协同发展情况。

在京津冀三地区内部协同创新程度变化特点层面，一方面首先从北京市、天津市和河北省三地区在不同时间段的协同程度展开测度论证，检验 2014 年前后三地区技术创新协同发展变化情况；另一方面，从北京市与河北省、北京市与天津市以及河北省与天津市两两地区间的区域协同创新情况展开分析，总结区域内部技术创新协同变化的特点。

第三节　实证结论及对策建议

通过第二节的测度可以了解全国 30 个省份以及京津冀地区技术创新协同度状况，从中发现技术协同创新中存在的问题，并提出相应的对策建议。

一、实证结论

实证分析是针对两个范围展开的，一是为了解不同地区的协同状况，针对全国 30 个地区、环渤海地区和京津冀 3 地区展开的测度；二是对京津冀内部进行的测度，均是以 2014 年为时间节点。

首先，表 6-5 显示了不同区域的技术创新协同度的变化情况。

表 6-5 不同区域的技术创新协同度比较分析

时间	全国 30 个地区		环渤海地区		京津冀地区	
	2008 年	2014 年	2008 年	2014 年	2008 年	2014 年
2009	0.6562		0.6658		0.7195	
2010	0.6582		0.6580		0.7244	
2011	0.6739		0.7152		0.7995	
2012	0.6667		0.7053		0.8053	
2013	0.6704		0.6881		0.8018	
2014	0.6799		0.6987		0.7935	
2015	0.6809	0.6045	0.7081	0.6733	0.7838	0.7227
2016	0.6925	0.6554	0.7105	0.7347	0.7619	0.7938
2017	0.6854	0.6552	0.7222	0.7157	0.7696	0.8069
2018	0.6917	0.6798	0.7257	0.7525	0.8128	0.8041
2019	0.6930	0.6628	0.7201	0.7556	0.8096	0.8254

表 6-5 显示，2009—2019 年，京津冀区域技术创新协同程度要明显高于全国和环渤海地区整体水平，表明京津冀技术创新区域协同发展趋势良好。具体来说，与全国整体情况相比，京津冀区域技术创新协同度要明显高于全国总体水平。2009—2019 年，京津冀区域技术协同创新指数在 0.72—0.83 之间震荡波动，整体呈现上升趋势，同期全国 30 地区区域技术协同创新指数一直在 0.66—0.70 之间，呈缓慢上升趋势；与环渤海地区

相比，京津冀区域技术创新同样展现出较高的发展水平。2009—2019 年，环渤海地区区域技术创新协同度指数从 0.66—0.76 之间的波动上升，呈现出增长趋势，但不论平均水平还是增长幅度均要小于同期京津冀区域技术创新协同程度，表明不论与全国整体水平相比还是与环渤海地区相比，京津冀区域技术创新均表现出较高的水平和增长趋势。

在 2014 年京津冀三地签订框架协议后，京津冀区域协同创新程度进一步提升。以 2014 年为基期测度的 2015—2019 年期间京津冀区域技术创新协同度指数值所反映的情况来看，在 2015 年该系数值为 0.7227，之后逐年呈现波动上升趋势，到了 2019 年达到 0.8254，表明该期间京津冀区域技术创新协同度有了较大幅度提升，而同期环渤海地区及全国 30 个地区的协同创新程度也有了一定提升，前者从 0.6733 提升到 0.7556，后者从 0.6045 提升到 0.6628，提升幅度均小于京津冀区域。

其次，表 6-6 展示了京津冀三地技术创新协同度的变化情况。

表 6-6　京津冀区域三地技术创新协同度比较分析

时间	北京市—河北省	北京—天津市	河北省—天津市
2009	0.7441	0.7601	0.7066
2010	0.7675	0.7746	0.6999
2011	0.8316	0.8000	0.8252
2012	0.8455	0.8069	0.8253
2013	0.8394	0.8131	0.7993
2014	0.8300	0.8186	0.7636
2015	0.8337	0.8224	0.7078
2016	0.8338	0.8181	0.7726
2017	0.8249	0.7886	0.6862
2018	0.6549	0.8242	0.8072
2019	0.7106	0.8194	0.7891

表 6-6 显示，2009—2016 年，北京与河北技术创新协同度基本上高于

同期的北京与天津及河北与天津之间的协同程度。如北京与河北之间的协同度从 0.7441 上升到了 0.8338，高于同期北京与天津之间的 0.7601 到 0.8181，更高于河北与天津之间的 0.7066 到 0.7726。但自 2017 年开始，北京与河北之间的协同度下降，2018 年和 2019 年两年的协同度不仅低于北京与天津，还低于河北与天津之间的协同程度。2009—2019 年，北京与天津的协同度处于持续缓慢上升趋势，除 2016 年、2017 年和 2019 年有小幅下降外，均处于增长态势；2018 年和 2019 年成为京津冀地区协同度最高的一对城市。河北与天津之间协同程度的波动很大，2009 年和 2010 年保持在 0.70 左右，处于三对城市中的最低水平；2011 年和 2012 年协同程度迅猛提升，超过 0.82；此后开始下降，2017 年降至 0.68；2018 年和 2019 年又出现提升态势。

二、京津冀协同中存在的主要问题及其对策建议

从上面的分析可以看出，2014 年京津冀协同战略出台以来，京津冀技术协同创新已经取得了很大进展，但还是存在一些问题。

第一，从统计数据看，京津冀区域技术创新水平都在不断提高，但区域差距仍十分显著。从研发投入强度看，河北省与北京市、天津市处于完全不同的技术创新阶段：北京已经超过了先进发达国家水平，天津也进入到了技术创新阶段，而河北省仍处于使用技术阶段。虽然在 2014 年后专利授权增长率和劳动生产率增长速度超过了北京和天津市，但这个趋同效果还很不显著，亟待通过机制建设，推动京津冀区域的整体协同创新水平。

第二，从直观表现协同创新的技术市场交易量看，北京作为全国最大的技术市场交易主体，不论是从输出技术合同数还是交易额看，都远远超过吸纳技术，自然也成为天津和河北的最大吸纳技术来源地。2014 年以来北京流入天津和河北技术成交额比重不断增加，到 2019 年将近占 10%，占北京向外省市转让技术的 25%。在北京流入津冀的技术中，长期以来流入河北的技术合同和成交额都远高于天津，呈现稳步增长态势，而流入天

津的技术却出现了大起大落。其中的一个原因可能是天津已经逐步向着输出技术省市过渡，而河北省还处在吸纳技术省份行列。

第三，从实证分析看，京津冀区域的协同创新程度高于全国 30 个地区的平均水平，也高于环渤海地区的水平，尤其是 2014 年以后的提升速度比较显著。但从京津冀内部的协同创新程度看，并没有发现 2014 年前后的变化，反而是在 2016 年，北京与河北之间的协同度高于北京与天津，也高于河北与天津的协同度。但在 2017 年后出现的反向变化，在 2018 年和 2019 年出现了走低态势，这对处于科技洼地的河北省来说，成为一个巨大的冲击。

根据上述出现的问题，可以从以下四个方面共同强化和改善协同创新机制，促进京津冀区域的协同创新水平。

第一，加强京津冀区域顶层设计，建立跨行政区域的协调管理机制。三地之间缺乏协同创新活力，甚至出现的相互掣肘现象，均源于相互平行的行政隶属关系。要打破这种各自为政的格局，迫切需要建立政府主导的跨区域的创新协调机制。虽然 2014 年三地科技主管部门的框架协议为协同创新指明了方向，2015 年出台的《京津冀协同发展规划纲要》规划了全方位的协同目标，但还缺乏具体的具有可操作性的行动指南。

第二，针对京津冀地区研发创新水平差异性，加大北京市和天津市对河北省地区“帮扶”和技术扩散效应。从前文的分析中可以看出，京津冀三地区不管是区域技术水平、区域科技研发投入强度还是区域技术产出水平，河北省均处于劣势地位。因此，为了缩小京津冀三地区之间研发创新水平的差异性，需要北京市和天津市对河北省研发创新水平的“帮扶”。京津冀区域协同就是要求将京津冀作为一个整体进行顶层设计，打破行政区划与行政管理的壁垒，加快京津地区的技术向河北地区扩散转移，弥补河北的不足，缩小地区间的差异性。

第三，进一步加强河北省与北京市、天津市的科技创新合作。针对京津冀区域技术创新协同度差异性，大力加强河北省与其他两地区的合作。在京津冀内部的区域技术创新协同度上，北京市与天津市协同程度最高，但河北省与天津市的协同程度最低，与北京市的协同程度出现了下降。因此，为了缩小京津冀地区内部区域技术创新协同度的差异性，河北省需要与北京市、天津市加强科技创新合作，通过完善京津冀三地研发创新共享机制，加强京津地区高校、企业等科研机构与河北地区的技术合作，提升协同度，缩小差异性。

第四，从地区内部发展情况来看，河北省应大力提升自身技术创新研发能力，尤其是研发投入强度。在京津冀三地区中，河北省的全员劳动生产率和R&D经费支出相当于国内生产总值比例值是三地区中最低的，甚至还低于全国平均水平。河北省若是想吸收京津地区的技术扩散转移，自身也需要一定的能力。因此，河北省应该提高R&D经费支出，加大研发投入强度，打造高能级的科创平台，提升自身技术创新研发能力。

参考文献

[1] Radosevic S. Regional Innovation Systems in Central and Eastern Europe：Determinants，Organizers and Alignments [J]. The Journal of Technology Transfer，2002,27(1).

[2] Kleinhenz J，Smith R. Regional Competitiveness：Labor-Management Relations，Workplace Practices，and Workforce Quality[J]. Business Economics，2011,46(2).

[3] 鲁继通. 京津冀区域协同创新能力测度与评价——基于复合系统协同度模型 [J]. 科技管理研究，2015，35 (24).

[4] 孙丽文，张蝶，李少帅. 京津冀协同创新能力测度及评价 [J]. 经济与管理，2018，32 (03).

[5] 杜英，李晥玲. 基于子系统协同度评价的区域科技创新能力测度——以甘肃省为例 [J]. 中国科技论坛，2021 (02).

[6] 陈玉玲，路丽，赵建玲. 区域创新要素协同发展水平测度及协同机制

构建——以京津冀地区为例［J］. 工业技术经济，2021，40（04）.
［7］王玉冬，张博，武川，等. 高新技术产业创新链与资金链协同度测度研究——基于复合系统协同度模型［J］. 科技进步与对，2019，36（23）.
［8］黄桂林，许如意，王新政，等. 基于复合系统协同度模型的河南省区域创新协同度评价［J］. 河南农业大学学报，2020，54（06）.

第七章　京津冀住房价格和供求市场分析

京津冀协同需要协调统一的要素市场和商品市场。京津冀三地在京津冀协同战略提出后出现了相同的房价上涨压力，是否京津冀协同战略带来了三地房价的协同，是一个非常敏感的学术问题。本章首先分析京津冀住宅价格绝对值和增长率的变化轨迹，剖析三地在不同时间段的变化趋势；其次从需求方面研究影响住宅价格变动的因素，主要从住宅销售量、人均收入和人口规模等因素展开分析；最后从供给方面剖析价格变动的原因，研究三地住宅建设规模、住宅投资和住宅开发成本的差异以及影响。

第一节　京津冀住宅价格现状及变动趋势

1998 年我国的住房制度改革推动了商品房市场的建设，房地产业逐渐成为我国国民经济发展的重要支柱，同时也推动了房地产价格的普遍上涨。2014 年京津冀协同发展战略提出以后，区域经济协同已经取得了很大成效，同时也带来了京津冀房地产价格的上涨，而且京津冀三地出现了不平衡发展态势，不同档次的住宅价格变化也呈现出了不同特点。

一、京津冀住宅价格的变动趋势

从住宅价格绝对值和相对增长速度看，1999 年以来房地产开发企业商品房平均销售价格的变动趋势如图 7-1 和图 7-2 所示。

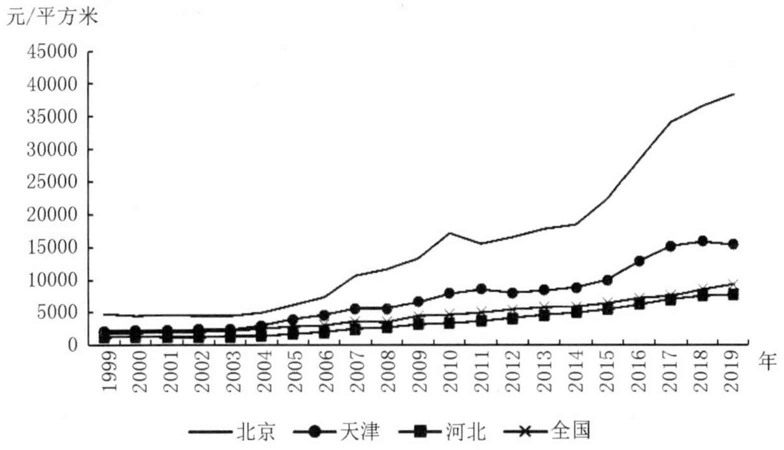

图 7-1　房地产开发企业商品房（住宅）平均销售价格

数据来源：根据历年中国房地产统计年鉴相关数据整理而得。

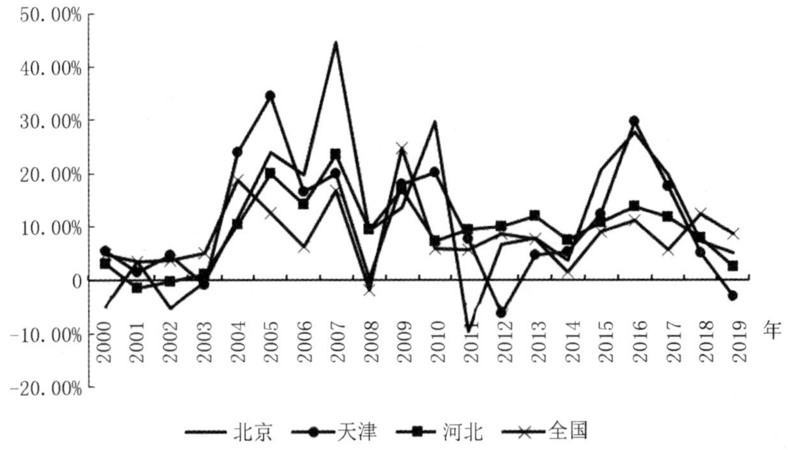

图 7-2　房地产开发企业商品房（住宅）平均销售价格较上年增速

数据来源：根据历年中国房地产统计年鉴相关数据整理而得。

首先，京津冀三地的房地产价格始终呈现梯度增长态势。1999 年北京、天津和河北的平均房价分别为 4000 多元、2000 多元和 1000 多元，之后均进入了上涨阶段，并呈现出梯度增长态势。1999—2019 年，北京市房价提升了7倍，天津市上涨了6倍，河北省不足5倍。在此期间，全国的平均房价也都处于上升态势，从1999年的不足2000元提升到2019年的9000多元，增长了接近4倍。从京津冀三地总体看，2003年之前三地的价格上涨均较缓慢，北京和天津的平均价格只比1999年上涨200多元，河北省平均上涨100多元。2003年国务院出台的24号文《国务院关于解决城市低收入家庭住房困难的若干意见》明确，房地产业已经成为国民经济的支柱产业，由此带来了房地产投资热潮和快速城市化进程。2004年，全国平均房价同比上涨了13.5%，北京的房价上涨率低于全国平均水平（11.5%），天津房价的上涨幅度超过全国10个百分点，河北省也低于全国平均水平（10%）。2004年的房价上升第一次引起国民的重视，开启了政府调控房价的历程。2005年的“国八条”、2006年的“国六条”、2010年的“国十一条”、2011年的“新国八条”、2012年限购、限贷和限价，2013年“新国五条”，等等，政府密集出台了各种房地产价格调控政策。但这些政策并没有有效抑制京津冀三地房屋价格的上涨，反而进一步扩大了三地房屋价格的分化程度。尤其是在2014年京津冀协同提升为国家战略之后，京津冀三地同时出现了房屋价格的飙升，如2016年北京的年增长率达到28%，天津为30%，河北为14%，均高于全国平均增长率（11%）。

其次，北京市的住宅价格不仅上涨最为显著，而且波动相当剧烈，短期内受到了调控政策的影响，长期还是保持了继续上涨态势。2005年以来北京市房价进入快速上涨通道，2005—2007年平均房屋价格同比上涨率为24%、20%和45%，2010年又出现了30%的上涨。2005—2010年房地产价格调控主要集中在提高房贷利率和增加首付比例等方面，对全国很多地方的房屋价格起到了一定抑制效果，但对北京市房价没有产生明显作用。2011年的“新国八条”这一号称史上最严格的调控政策出台（对贷款购买第二套住房的家庭，首付款比例不低于60%，贷款利率不低于基准利率的1.1倍），才终止了此次北京市房屋价格的上涨趋势，2011年价格回落了10%左右，2012—2014年保持了个位数增长。2015—2017年北京市房价再次出现了年均20%以上的增长。此次北京房价上涨与2015年的宽松货币政策关系密切：截至 2015 年底，连续 5 次降低利率和 4 次降低存款准备金，按照基准利率计算，20 年期的百万元房贷每月可以少还 700 多元，累计利息减少 17 万元。另外，房地产政策中推出“楼市去行政化”措施，均成为刺激房屋价格上升因素，同时京津冀协同发展战略的提出也对北京市房价起到一定刺激效果。2018—2019 年，北京市房价重回个位数上涨，基本回归到理性上涨通道。

第三，天津市和河北省房价在 2004 年到 2007 年之间均出现了快速上涨趋势，远超全国平均房价上升水平。2004 年全国平均房价上升 18.7%，天津市上升达 24%，这是沉寂多年的天津市房价的喷发，可谓是经历了“冰与火的考验”，中、低价位大户型商品住宅销售比例增大，中、高价位大户型商品住宅上市量增加，外地人置业的比重暴涨。河北省在此期间也经历了一轮房价上涨过程：2005 年房价上涨 20%，比全国平均增速高出 7 个百分点；2006 年和 2007 年增速也远超全国平均水平 6—7 个百分点。天津市和河北省的第二个上涨周期开始于 2015 年，与京津冀协同战略的出台重合。2015—2017 年，天津市的房价上涨率分别为 12.5%、29.6%和 17.7%，河北省为 10.9%、13.9%和 11.9%，均高于全国平均水平。

对于这一阶段天津和保定的房价上涨，许多研究认为这是京津冀协同战略的出台带来的与北京房价的联动效应，这是一个需要深入分析的现实问题。很多学者运用向量自回归模型、空间动态面板数据模型或引力模型分析京津冀地区的房价联动效应。根据李宁宁（2019）的实证分析结果，北京房价变动对京津冀 12 个周边城市的房价产生了不同的影响：2015—2018 年，廊坊的联动效应均值为 7.44，石家庄为 5.06，保定为 4.41，天津为 3.95；联动值最高点都是出现在 2015 年，四个城市分别为 8.45、7.97、6.03 和 5.99。

二、京津冀三地的房价收入比变化

房价收入比是住房价格与城市居民家庭年收入之比，这是衡量房价泡沫的重要指标。房价收入比就是区域内单套商品住宅的平均市场价格与平均家庭年可支配收入之间的比值，借用吕江林（2010）的计算方式：

房价收入比＝商品住宅平均单套价格/城镇家庭平均可支配收入

＝（商品住宅平均销售价格×商品住宅平均单套销售面积）/（城镇家庭人均可支配收入×城镇家庭户均人口数）

其中，商品住宅平均单套销售面积采用年销售面积除以年销售套数获得，由于城镇家庭户均人口数的变动情况较小，假定两次人口普查期间家庭户均人口数均保持不变，得出了图 7-3 的京津冀三地房价收入比的变化情况。

世界银行 1998 年对 96 个地区的统计资料显示，家庭收入不足 1000 美元国家或地区的平均房价收入比为 13.2，收入在 3000—3999 美元国家或地区为 9，10000 美元以上的国家或地区的房价收入比为 5.6；96 个国家或地区中，最高的为 30，最低的为 0.8，平均值为 8.4，中位数为 6.4。世界银行专家哈默曾提出比较理想的房价收入比区间是 3—6。2013 年上海易居房地产研究院发布全国 35 个大中城市房价收入比排行榜，在剔除可售型保障性住房后，全国 35 个大中城市房价收入比均值为 10.2。

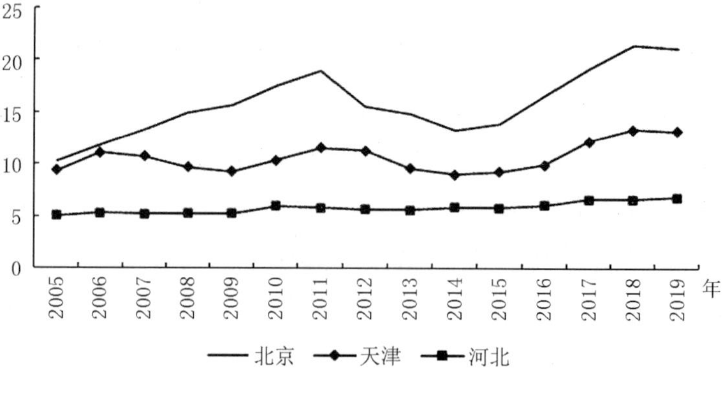

图 7-3　2005—2019 年京津冀三地房价收入比

数据来源：根据历年房地产统计年鉴相关数据整理而得。

从图 7-3 可以看出，2005 年河北省的房价收入比属于偏低区间，北京和天津处于偏高区间。此后，北京进入了快速上升时期，2011 年达到了 19。2014 年降至 13 后，从 2015 年开始再次提升，到 2018 年升至 25。根据易居研究院发布的《2018 年全国 50 城房价收入比报告》，当年全国平均的房价收入比为 8，房价收入比最高的城市是深圳（34）、三亚（30）和上海（26）。由此可见京津冀三地中北京市房价的泡沫程度。

虽然天津市在 2005 年与北京市的差距并不很大，但天津的房价收入比变化比较小，2006 年达到高点（11）后开始下降，2017 年才超过 2006 年的水平，2018 年达到了 13。河北省的房价收入比一直处于比较合理的区间，有些缓慢提升，2019 年不足 7。

第二节　京津冀住房市场的需求因素分析

住房价格是由供求来决定的。住宅需求一般是指住房消费需求，评价住房消费需求的方式是多样的，本节主要从住宅销售量、居民收入水平、经济发展程度和人口规模等因素分析比较京津冀三地的住宅市场。

一、京津冀三地的住宅销售量变化

我国住房先后经历了从福利性质到商品性质的转变。住房性质转换的一个关键节点就是 1998 年国务院颁布的《关于进一步深化城镇住房制度改革加快住房建设的通知》。该项政策明确指出自 1998 年下半年以后，开始停止住房实物分配，实行住房分配货币化。这也意味着我国住房市场中长期以来由计划所控制的消费者需求得到一定释放，住宅市场中消费者需求的重要性自此上升到了一个全新的高度。这一转变所带来的直接影响就是房地产销售面积的快速上涨。但是，聚焦到京津冀三地，房地产销售面积的上涨又呈现出各自不同的特点，下面进行具体分析。

图 7-4 展示的是 1999—2019 年房地产开发企业商品房销售面积情况。就北京市来说，1999—2019 年，消费者住宅需求呈现出一个先快速上升，然后在波动中逐步回落直至降低的过程。2005 年出现了最大峰值，年销售面积达到 2823 万平方米，此后销售面积进入快速下降阶段，2008 年筑底至 1031 万平方米。这一时期销售面积的下降与 2006 年“国六条”的出台密切相关。2008 年国际金融危机对房地产行业带来了短暂的影响，在“4 万亿投资”的刺激下，楼市再次成为经济增长的发动机，导致 2009 年北京商品房销售又出现了一个小阳春，年销售面积为 1880 万平方米，比上年增长了 82%。2012 年和 2013 年，北京商品房销售有一些反弹，之后进入了缓慢下降阶段。

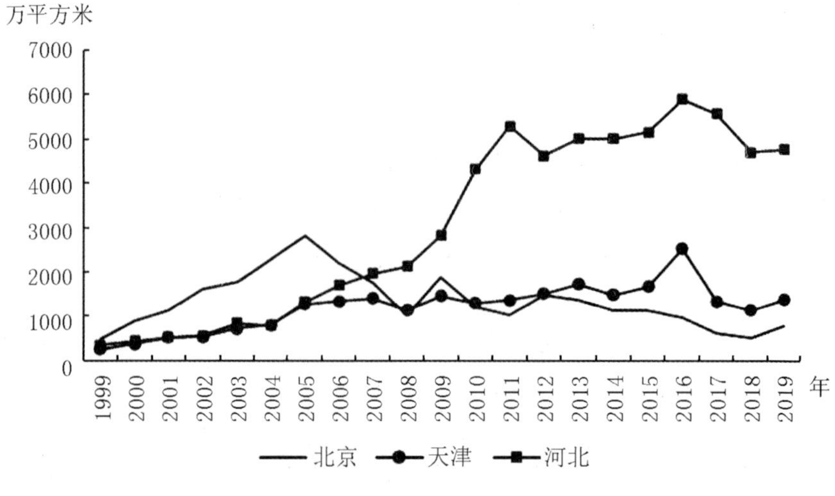

图 7-4　房地产开发企业商品房（住宅）销售面积

数据来源：根据中经网产业数据库相关数据整理而得。

与北京市商品房销售面积的剧烈变化相比，天津市的商品房销售面积变化比较平稳，2007 年出现了一个阶段性高点为 1401 万平方米，此后的销售面积一直在低位徘徊。2016 年出现高点（2521 万平方米）后再次进入下降通道。

作为京津冀三地城市数量最多、城市面积最大的河北省来说，在 2011 年前商品房销售面积出现了持续增长局面，达到了第一个峰值的 5293 万平方米。河北省的商品房销售面积基本没有受到 2006 年以来的全国房价调控政策的影响，第二个峰值出现在 2016 年，达到 5899 万平方米。这得益于 2016 年河北省政府为消解房地产市场库存而出台的一系列宽松措施，即《河北省人民政府印发关于化解房地产库存促进房地产市场健康发展若干措施的通知》（冀政发〔2016〕6 号），将商品房销售面积再次推到顶点。2017 年开始，河北省的 11 个地级市中，除邢台、邯郸和衡水之外均出台了限购措施，在一定程度上限制了房屋销售量的增长。

二、京津冀三地居民收入水平的比较

对一种商品的需求，既要有购买欲望，还要有购买能力，也就是收入。关于收入对需求的影响，不同的经济学理论有不同的观点。凯恩斯主义经济学认为，消费是家庭当期收入的函数，随着个人可支配收入的增加，消费呈现出递增趋势，并且在众多影响消费的因素当中，收入是具有决定性意义的。货币主义的代表米尔顿·弗里德曼则认为，消费者的消费支出不是完全由消费者的现期收入所决定，而应该由消费者可以预期到的永久收入所决定的，只有当消费者确信自己在未来很长一段时间内自己的收入是永久性增加的，消费者才会增加当期消费。作为一种耐用消费品，从消费者角度来看，购买住宅自然会受到当期收入的影响，也会受到过往收入而形成的储蓄或者财富的影响。由于统计数据的局限性，这里只比较京津冀三地可支配收入的变化情况。图 7-5 展示了 1998—2020 年京津冀城镇居民人均可支配收入的变化情况。

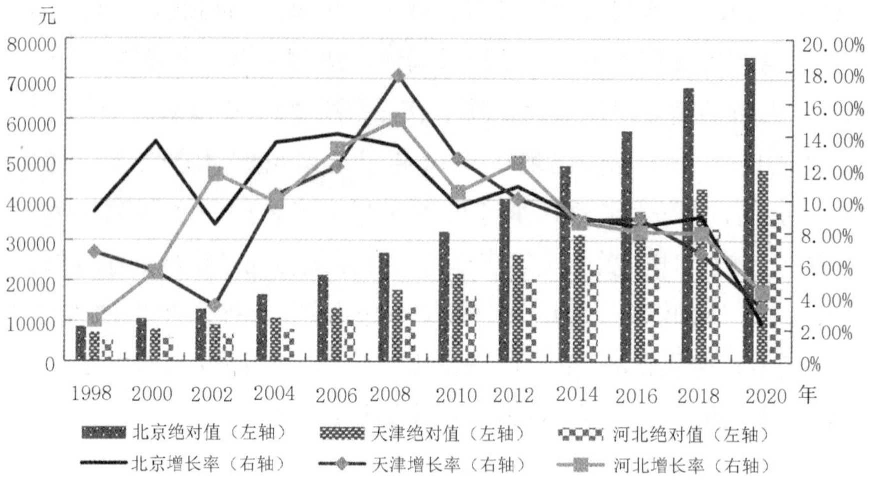

图 7-5 1998—2020 年京津冀城镇居民人均可支配收入比较图

数据来源：根据中经网产业数据库相关数据整理而得。

从图 7-5 可以看出，北京市的城镇居民可支配收入始终领先于天津市和河北省。从绝对值看，1998 年北京市的人均可支配收入高出天津近 1500 元，高出河北 2800 多元；到 2005 年差距扩大到 7000 元和 10000 元；2016 年进一步扩大到 2 万多元和将近 3 万元；2020 年再次扩大到 27934 元和 38315 元。从增长率看，京津冀三地城镇居民可支配收入年均增速分别为 10.48%、9.19%和 9.67%。平均增速的差异并不显著，但同期全国年均城镇居民可支配收入增速为 10.08%，可以说京津冀的整体表现并不突出。值得关注的是，北京市除了 2002 年人均可支配收入增速低于 10%以外（8.46%），到 2008 年一直保持大于 10%的年均增长率，2014 年降至 10%以下，2020 年更是降至 2%。

天津市城镇居民人均可支配收入增速超过 10%始于 2006 年；2007 年和 2008 年的增长率分别超过北京三个百分点以上；2008 年出现了 17.9%的增长率。河北省城镇居民可支配收入的快速增长出现在 2005—2008 年，年均增长率在 14%左右。值得注意的是，2008 年全球金融危机之后，河北、天津城镇居民可支配收入的增速出现了与北京的趋同现象，尤其是在京津冀协同战略出台以后，京津冀三地的增长率基本维持了相同步速。这使收入水平相对较低的天津市和河北省来说，进一步扩大了与北京市的绝对差距。

三、京津冀三地的人口规模和结构

当一个地区由于各种因素集聚了大量常住人口，意味着该地区人口密度较高。在一个地区有限的住宅开发面积中，需要容纳更多的人口，这将很容易导致住房需求的上升进而推动地区住宅价格的上涨。不仅如此，当地区人口流动数量较大的时候，部分受户籍制度约束较小，具有更高劳动生产率的移民，将会由于其较高的潜在收入增长带来住房需求，因此流动人口将会使得地区住宅价格有更大的概率上升。从企业的角度来看，政府对工业用地较高的出让比例，将会导致大量企业的集聚，而作为劳动力要素需求方的企业的集聚又会导致流动人口规模的迅速扩张。在地区较高房价增长和流动人口工资没有大幅度上涨的前提下，流动人口只能在集体宿舍以及“城中村”等租金价格较低的地方居住。城市通过流动人口节省下来的居住成本流向户籍人口，推动了地区房价的进一步上涨。虽然京津冀地区部分城市通过限制外地户籍人口购房来达到房地产宏观调控的需要，但是现有的研究依然表明流动人口的数量将会对地区房地产价格产生助推作用。不仅如此，就人口结构来说，一个城市中，非适龄劳动人口占比越大，住房刚需的适龄劳动人口群体负担越重，挤压该群体可支配收入中用于住宅购买的资金，进而削弱居民住房购买意愿。这里将基于人口普查数据分析影响京津冀地区住宅价格变动的人口因素，详见表 7-1。

表 7-1　京津冀地区常住人口数量、流动人口数量及其相关数据

2000、2010 及 2020 年京津冀人口概况									
年份	常住人口数量（万人）			流动人口数量（万人）			流动人口占常住人口比重（%）		
	北京	天津	河北	北京	天津	河北	北京	天津	河北
2000	1356.92	984.87	6668.44	246.32	73.50	93.05	18.15%	7.46%	1.40%
2010	1961.24	1293.87	7185.42	704.45	299.15	140.47	35.92%	23.12%	1.95%
2020	2189.31	1386.60	7461.02	841.84	353.48	315.53	38.45%	25.49%	4.23%

分阶段京津冀常住人口变化量及增速						
阶段	常住人口变化量（万人）			常住人口年均增速（%）		
	北京	天津	河北	北京	天津	河北
2000—2010	604.32	309.00	516.98	3.75%	2.77%	0.75%
2010—2020	228.07	92.73	275.60	1.11%	0.69%	0.38%
2000—2020	832.39	401.73	792.58	2.42%	1.73%	0.56%

分阶段京津冀流动人口变化量及增速						
	流动人口变化量（万人）			流动人口年均增速（%）		
	北京	天津	河北	北京	天津	河北
2000—2010	458.13	225.65	47.42	11.08%	15.07%	4.20%
2010—2020	137.39	54.33	175.06	1.80%	1.68%	8.43%
2000—2020	595.52	279.98	222.48	6.34%	8.17%	6.30%

数据来源：根据全国第五、第六、第七次人口普查相关数据整理而得。

从表 7-1 我们可以看到，近 20 年来京津冀三地常住人口数量不断提升：北京市 2020 年比 2000 年常住人口数量增加了 800 余万人，年均增速为 2.42%；天津市紧随其后，20 年内常住人口数量增加了 400 余万人，年均增长 1.73%；河北省常住人口数量约 4 倍于北京市常住人口数量，约 6 倍于天津市常住人口数量，是京津冀地区常住人口规模最大的地区，但 20 年来常住人口数量年均增速却仅有 0.56%，常住人口增长缓慢。从流动人口数量上来看，2000—2020 年京津冀三地流动人口数量呈现极化状态：北京市流动人口数量增长最高，接近 600 万人，天津市、河北省 20 年来流动

人口数量相近，分别为 279.98 万人和 222.48 万人，远落后于北京市。这说明，就京津冀三地来说，北京市由于其强大的综合实力与政治地位，对流动人口依旧有较大的吸引力。然而，从流动人口年均增速来看，情况稍有不同，天津市以 8.17％流动人口年均增速位居京津冀首席，而北京市与河北省流动人口增速接近，分别为 6.34％、6.30％。这表明 20 年来，由于北京市人口承载能力趋于饱和，流动人口中有一部分向京津冀“双核”的另一个核心天津市聚集。这也是天津市 20 年来住房价格持续走高的原因之一。

不过，从 2000—2010 年以及 2010—2020 年两个阶段来看，京津冀三地常住人口数量增长则有趋于缓和的趋势，这种趋势同样体现在常住人口年均增速上：京津冀三地常住人口年均增速分别由 3.75％，2.77％和 0.75％下降为 1.11％，0.69％和 0.38％。就流动人口看，北京市以及天津市的流动人口的大潮是出现在 2000—2010 年。随着北京市以及天津市居民生活成本的不断提高，河北省居民生活水平的不断改善，2010—2020 年京津两地流动人口年均增速迅速下滑，部分流动人口转而流向河北省，从而使得河北省流动人口年均增速由 2000—2010 年的 4.20％翻倍到了 2010—2020 年的 8.43％。结合京津冀三地住宅价格增速来看，2000—2010 年住宅价格增速波动幅度最大的恰好是流动人口增速较高的京津两地；2010 年后，随着河北省流动人口增速的上升，住宅需求同时随之上升，因而其住宅价格增速相比起京津两地表现出更为稳定的上涨状态。

高生活成本挤出低收入人群，而留下的高收入流动人口对区域内房价同样具有刺激效果。学界普遍认为，人口结构同样是影响住房价格的因素之一，因此有必要对京津冀人口结构进行分析。

从宏观经济学微观基础中的消费理论来看，住宅作为一种特殊的耐用消费品，自然其消费会受到人口结构的影响。经典人口生命周期理论（LC 理论）在假定工作时期年收入保持不变、在人的一生中消耗完自己所积累的财富不留下遗产、储蓄没有利息等一系列前提下，认为具有经济人属性的个体在进行消费决策时，会站在其一生的角度进行规划，以便于能够在他们整个一生中，以最好的可能方式配置消费选择。由于个体在整个生命周期中获得收入流的时间段是相对有限的，因此处于不同生命周期人群之间比例大小会影响到社会总消费和总储蓄。老龄人口增多对不动产消费或者说住宅需求产生抑制作用，换句话说人口老龄化将会对地区住宅需求产生负面影响，而适龄劳动人口比例高则会导致整个社会对住宅的需求提升。但是，我国的文化以及国情导致父母在子女购房的决策中往往会扮演一个较为重要的角色。住房体制改革前存在一部人已经享受住房分配福利，保留有大量积蓄，这部分人口的下一代在考虑住房问题时往往可以得到来自父母的经济支持，因而老年抚养比的增大会在一定程度上提高住房需求。接下来，我们将对京津冀地区人口结构进行分析，观察三地人口结构的变动是否会对住宅价格产生一定的影响。

表 7-2　京津冀 2000、2010、2020 年普查常住人口年龄占比及抚养比

（单位：%）

年份	0—14 岁占总人口比重				15—64 岁占总人口比重				65 岁及以上占总人口比重			
	北京	天津	河北	全国	北京	天津	河北	全国	北京	天津	河北	全国
2000	13.59	16.76	22.78	22.90	77.99	74.82	70.17	70.00	8.42	8.41	7.05	7.10
2010	8.60	9.80	16.83	16.61	82.68	81.68	74.93	74.47	8.71	8.52	8.24	8.92
2020	11.84	13.47	20.22	17.95	74.86	71.78	65.86	68.55	13.30	14.75	13.92	13.50

数据来源：根据全国第五、第六、第七次人口普查相关数据整理而得。

表 7-2 为京津冀与全国第五次（2000 年）、第六次（2010 年）、第七次人口普查（2020 年）人口年龄占比。从三次人口普查数据中我们可以看到京津冀三地的少儿人口、适龄劳动人口以及老年人口的变动趋势与全国趋势大体上保持一致。2000—2010 年京津冀三地在保持老年人口比例轻微上升的情况下，少儿人口比例分别由 13.59%、16.76%、22.78%，大幅下降到 8.60%，9.80%以及 16.83%。在少儿人口下降的同时，京津冀三地适龄劳动人口数量则显著提高，分别由 77.99%、74.82%、70.17%，上

升到 82.68%、81.68%、74.93%。这直接导致了三地构成总抚养比的少儿抚养比显著下降，负责创造主要社会财富的适龄劳动人口负担减小，总储蓄的增加激发了其对于住宅的需求。更具体地来看，2000—2010 年京津冀地区内部也存在着人口结构的差异：就这两次人口普查数据而言，北京市以及天津市少儿人口占比明显低于全国水平；但是，京津两地一直以来较低的少儿人口比例却并没有使得其下个阶段适龄劳动人口比例受到消极影响，其比例反而由于该阶段大量流动人口的存在远远高于全国平均水平，使得京津地区财富创造所需要的劳动力要素始终保持相对充足状态。足够的适龄劳动人口中相当一部分被转化为适龄购房人口，加上较低的抚养比，使得北京市以及天津市 2000—2010 年住宅价格增速始终维持在较高的水平上，难以稳定。相比较而言，河北省人口结构则与全国平均水平相近，因而住房价格绝对量低于北京市以及天津市，住宅价格波动幅度也小于这两个城市。

从全国的情况看，随着 90 后出生低谷一代成为创造社会财富以及住房需求的主力军，住房价格将难以维持高速增长的趋势，转入下行周期。但是，京津冀的实际情况却似乎与全国有一定差异，虽然与 2000—2010 年住宅价格的相比，2011—2020 年京津冀住宅价格增速已经有所收敛，但是仍旧维持在一个较高的水平上，特别是在政府有意放松房地产市场管控的 2015 年，京津冀住宅价格又迎来一波爆发。

第三节　京津冀住宅市场的供给因素比较

理论上，由于供给刚性的特征，短期住房价格主要取决于影响住宅需求曲线的因素。而在长期，日积月累的住房净投资对住房存量产生了实质性的影响，使得住房供给呈现一定的弹性。因此，房地产开发商的投资、土地供给与价格等都会影响住房供给进而影响住房价格。本节从供给的角度，分析比较京津冀住宅价格影响因素，主要从住宅建设数量、住宅开发投资和住宅开发成本三方面展开。

一、京津冀住宅建设数量比较

要直观地反映地区某年实际建成并流入市场的住宅建设数量，比较合适的指标是房地产开发企业房屋竣工面积。房屋竣工面积指的是报告期内房屋建筑按照设计要求已全部完工，达到入住和使用条件，经验收鉴定合格或达到竣工验收标准，可正式移交使用的各栋房屋建筑面积的总和。下面，我们就京津冀三地房屋竣工面积展开分析。

图 7-6 给出京津冀房地产开发企业住宅竣工面积情况，结合图 7-4 京津冀住宅销售面积可以非常直观地发现，京津冀三地的住宅供给与需求大致呈现出同升同降的趋势，房屋销售面积的一些关键拐点也都可以从对应房屋竣工面积上得到体现，差异仅仅体现在供给与需求的规模以及时间的先后上。具体来看，在 2008 年以前，北京市的房屋竣工面积与住房销售面积无论是从变动趋势或者是峰值数值上都呈现出惊人的一致性。但是在 2008 年金融危机之后，这种高度同步的趋势被打破，随着供需两侧强力且灵活调控政策的介入，考虑到住房需求敏感易变与完成一轮住房投资建造所需周期较长等因素，两者在时间上的不一致性被放大。有部分学者认为，在经济衰退时期，实施新政将会有更低的政治成本以及更高的企业情况改善可能性，因而往往在经济不景气时期政策具有较强的不确定性。对于普通购房者来说，政策不确定性的升高，意味着购买房产前景不明朗，因而会减少消费者的购房意愿，使得购房需求迅速下降；对于企业来说，政策的不确定性除了可能会导致企业对投资机会的消极“等待”而抑制投资，也可能会由于管理者为了自身利益而采取的短视行为或者害怕“递延投资”而犹豫不前。因此，在政策不确定性较大的时候，供给很难快速跟随需求做出调整。

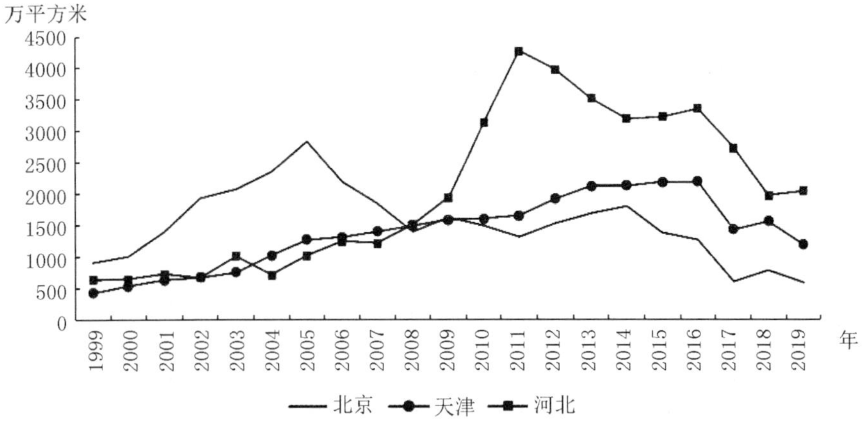

图 7-6　京津冀房地产开发企业房屋（住宅）竣工面积

数据来源：根据中经网产业数据库相关数据整理而得。

天津市的情况相对来说则平稳得多。值得注意的是在 2009 年之后，天津市住房供给持续高于住房需求，这种住房供给相对过剩的情形一直保持到 2016 年，随着政府强化对房地产供需两侧的调控政策，天津市供需结构逐步回归理性。

北京和天津住房供给需求大致平衡，而河北省的住宅供需结构自 2004 年住房需求超过住房供给以来一直处于供不应求的供需不对称的状态。分阶段来看，河北省供需结构的失衡大致分为两个阶段：第一个阶段是 2004—2011 年，房屋竣工面积与住宅销售面积同时增长，虽然该阶段每年房屋竣工面积的规模均低于商品房销售面积，但差距较为稳定；第二个阶段是在 2011 年住宅供需双双到达顶峰之后，其走势开始走向分化：一方面是住宅需求每年稳定在 5000 万平方米左右；另一方面是住房供给呈现出逐年下滑的趋势。这就进一步激化了原本供不应求的市场矛盾，使得河北省住宅销售价格增速呈现出较为稳定的状态。

住宅竣工面积反映本年实际流入住宅交易市场的住宅供给情况，但是由于商品房预售制度的存在，房地产开发商更倾向于在住宅还未完全建造好的时候就开始进行预售，回笼资金。并且，上一年未销售的住宅，也即上年的住宅待售面积也会成为本年住宅供给的一部分。因此，增加对新开工住宅面积以及住宅待售面积的考察也有助于我们观察京津冀地区随后一段时间住宅市场的潜在供应量，详见图 7-7。

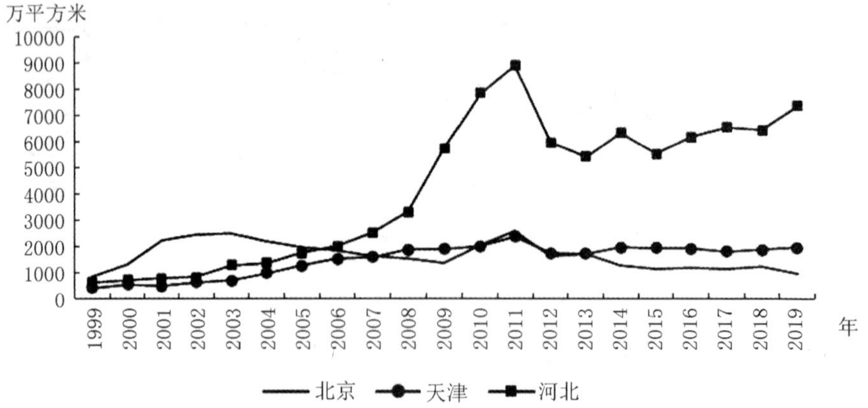

图 7-7 房地产开发企业新开工房屋（住宅）面积

数据来源：根据中经网产业数据库相关数据整理而得。

从图 7-7 房地产开发企业新开工住宅面积可以看到，北京市在 2003 年以及 2011 年两次峰值之前一段时间内出现住宅新开工面积较为明显的攀升现象，结合住宅竣工面积来看，这就直接形成了随后一段时间内较为充裕的住宅供给。与北京不同的是，天津自 2008 年后，除了 2011 以及 2012 年外，住宅新开工面积一直稳定在 2000 万平方米左右，这一特点我们结合天津较为稳定的商品房竣工面积来看也就不那么意外了。京津冀三地中新开工住宅面积变化幅度最大的当属河北省。从 1999 年的 650 万平方米到 2011 年顶峰时期的将近 9000 万平方米，增长幅度达到令人咋舌的 13.75 倍，12 年间平均增长率达到了 24.4%。如果从 2008 年金融危机之后作为起始点计算，这一平均增速更是达到了 39%左右。不过从数据中我们也可以发现一个较为特殊的情况：在经历了 2011 年近乎疯狂的开工建造住宅项目的高潮之后，虽然 2012 年河北省新开工面积快速下降了近 3000 万平方米，但 2012—2019 年河北省新开工面积一直处于在小幅波动中不断上升的趋势，且每年新开工住宅项目面积均高于5000万平方米。不过，商品房竣工面积在2011—2019年总体处于下降趋势且每年竣工面积不超过4000万平方米，存在一定的缺口。这就意味着虽然河北省住宅需求旺盛，且新开工的住宅项目也很多，但是最后真正能够经历完整的住宅开发周期，完成竣工交付使用的住宅不多，购房者的权益保障面临较大风险，并且这种现象还有不断加剧的趋势。

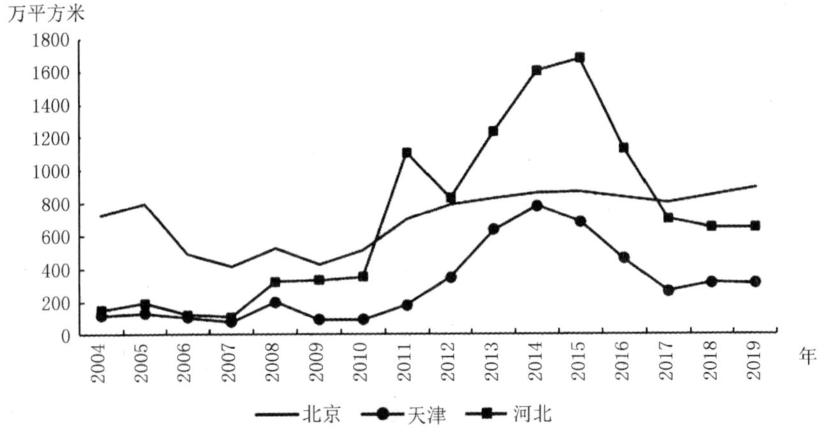

图7-8　房地产开发企业商品房（住宅）待售面积

数据来源：根据历年中国房地产统计年鉴相关数据整理而得。

作为供给侧结构性改革的重点领域，房地产去库存长期以来都是党和国家政府密切注意的问题，因此从住宅库存的角度了解京津冀地区住宅供给结构，不可避免地就需要考察住宅的待售面积。从京津冀住宅待售面积的统计数据我们可看到，相比起住宅新开工面积以及竣工面积来说，住宅待售面积规模不大，并且三地待售面积的上升与下降都呈现出较为相似的规律性。就住宅待售面积的规模上来考虑，相对而言，天津市在2004—2019年住宅待售面积为三地之中最低的，结合天津市近几年约1200万平方米的住宅销售面积以及住宅竣工面积来看，住房库存积压压力较小。从峰值来看，三地住宅待售面积均在2015年左右达到峰值，这刚好也是我国提出供给侧结构性改革的时间节点。另外，从波动幅度来看，北京市住宅待售面积自 2012 年以来一直稳定在 800 万平方米左右，波动幅度较小。河北省则是三地住宅待售面积波动幅度最大的地区，其波动趋势大致可以分为三个时期：第一个时期是在 2008 年金融危机之前，房地产行业较为繁荣，而且此时住宅供给还未大幅度上升，因而反映在住宅待售面积上为较低的待售库存。第二个时期是 2008 年金融危机后到 2015 年：从绝对值看，2011 年后河北省每年住宅销售面积稳定在 5000 万平方米左右，而住宅竣工面积在 2011 年达到峰值 4200 万平方米之后呈现下降趋势，到 2019 年已经下降至 2000 万平方米左右。另外，伴随住宅市场供给不足而来的，还有住宅待售面积的同步增长，并于 2015 年达到了 1600 万平方米的峰值。总的来看，随着金融危机后河北省住宅新开工面积以及竣工面积的提高，住宅待售面积随即呈现出逐步走高的趋势，出现了一方面消费者需求旺盛，销售面积高于竣工面积，但另一方面待售面积也同步上升的供需结构性不匹配，待售面积上升情况。第三个时期是 2016 年以来至今。2015 年末供给侧结构性改革提出，河北省积极响应中央政策，出台了《关于化解房地产库存促进房地产市场健康发展的若干措施》（冀政发〔2016〕6 号）等政策，较好地控制了住宅供给，降低消费者购房成本，鼓励消费者购房，消解了部分住宅库存，并在 2017 年后将待售面积稳定在 600 万平方米的水平。但是，这也带来了住宅价格攀升的潜在隐患。

进一步从住宅待售时间来看，京津冀三地 1—3 年住宅待售面积与待售面积总体趋势相似，而 3 年及 3 年以上住宅待售面积北京市显得更加明显。具体从图 7-9 和图 7-10 可以看出：在 2015 年以前，北京市 1—3 年住宅待售面积与天津市几乎保持相同的规模与趋势，2015 年以前北京市住宅待售面积高于天津市的那部分主要源自于难以销售的 3 年及 3 年以上库存住宅面积；2015 年之后，随着天津市 1—3 年住宅待售面积的快速消化，1—3 年住宅待售面积逐渐成为京津两地住宅库存情况的一个重要差异。虽然河北省 2015 年以来房地产去库存政策取得积极的效果，1—3 年住宅待售面积呈现出明显的下降趋势，但是我们也应该注意到 2017 年以来 3 年及 3 年以上住宅待售面积有快速上升的趋势，需要政府引起重视。

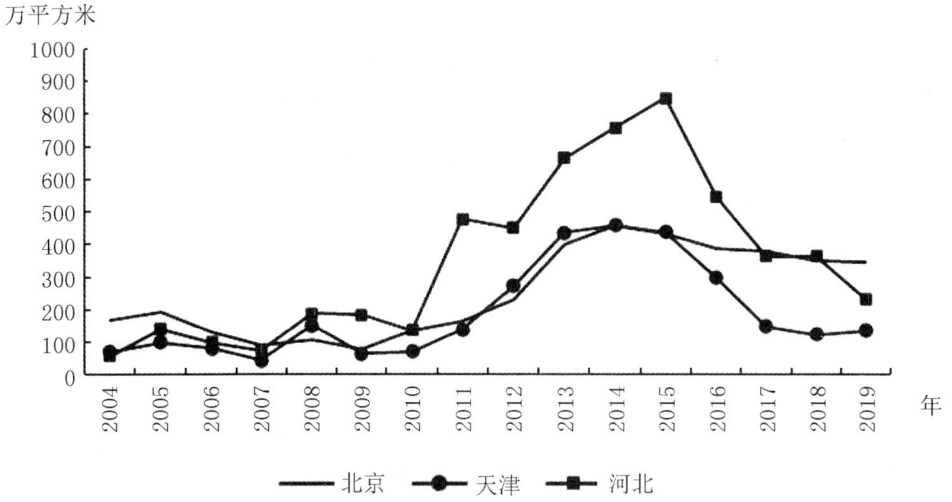

图 7-9　房地产开发企业商品房（住宅）1—3 年（含 1 年）待售面积

数据来源：根据历年中国房地产统计年鉴相关数据整理而得。

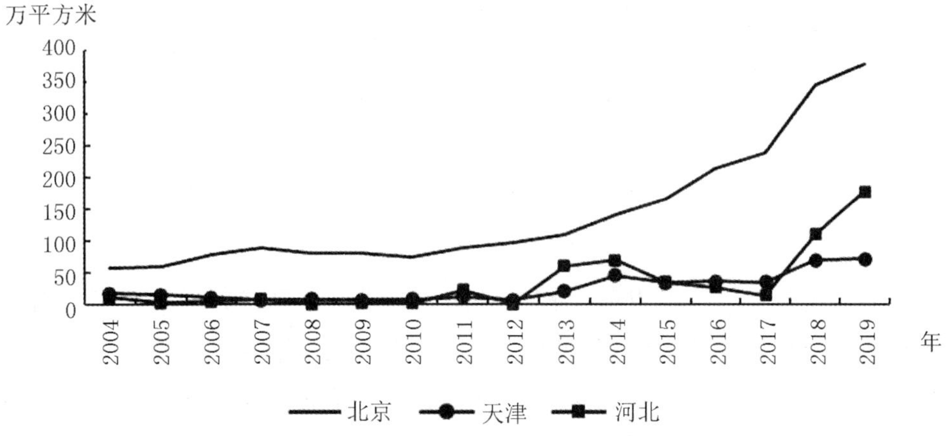

图 7-10　房地产开发企业商品房（住宅）3 年及以上待售面积

数据来源：根据历年中国房地产统计年鉴相关数据整理而得。

二、京津冀三地住宅开发投资比较

从长期投资的角度来看，生产者的投资结构在一定程度上反映了当前消费者的购买需求以及生产者自身对未来市场的判断。假设所有开发项目均能够顺利完成的话，此时房地产开发商住宅投资结构将为以后住房供给结构提供潜在参考价值。

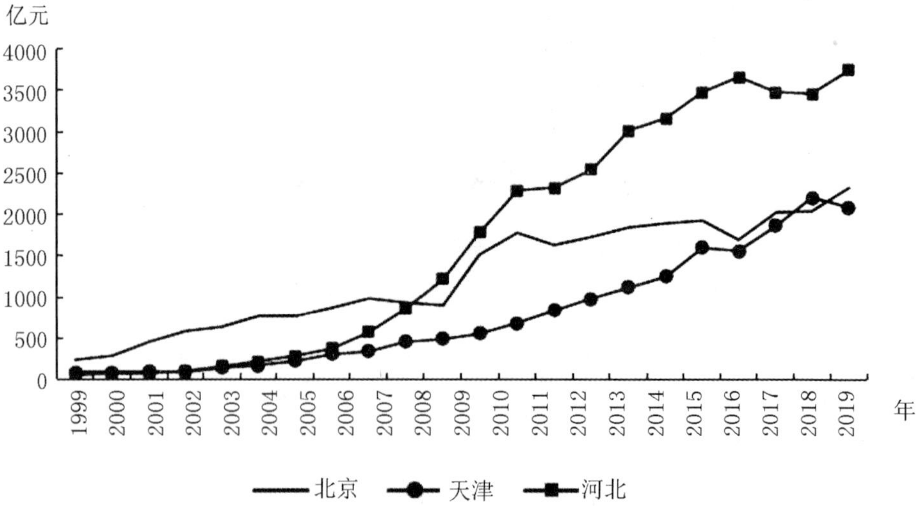

图 7-11　房地产开发企业完成投资（住宅相关）

数据来源：根据中经网产业数据库相关数据整理而得。

直观上我们认为开发商会较为倾向于在发达地区进行投资，但是现实中由于政策以及成本的考虑，决定开发商投资区位选择的不仅仅只依赖于地区发展水平。从图 7-11 显示的房地产企业完成投资情况来看，京津冀地区房地产开发商住宅投资大致呈现上涨趋势，其中河北省在 2006 年前后住宅投资开始步入快车道，连续 5 年保持一个较高的增长速度，且在 2009 年之后超过北京成为京津冀三地住宅完成投资规模最大的地区。但在经历了连续较高增长之后，2011 年后河北省住宅投资增长速度开始变缓，并在

2017 年中央高度密集的长短期调控政策之后，住宅投资有所回落。天津除了在 2016 年以及 2020 年出现过两次较小的下滑之外，住宅完成投资的增长也较为稳定，虽然规模上绝大多数时间低于北京，但由于增速相对较高，在 2017 年左右已经与北京市十分接近了。相比较而言，北京市住宅投资在 2010 年左右出现过一次较明显的跃迁，住宅投资增速突然激增到 66%，大幅超过之前 14%的年均增速，但这种投资增速不具有可持续性，随后便快速回落并以一个相对金融危机之前较低的平均增速（3%左右）增长。

表 7-3　2011—2019 年京津冀住宅投资结构（按住宅投资面积）

90 平方米以下投资占比（%）									
	2011	2012	2013	2014	2015	2016	2017	2018	2019
北京	39.69	45.41	45.51	51.32	52.71	47.42	40.89	53.15	54.21
天津	38.85	35.95	38.73	33.60	48.58	45.72	32.42	24.01	25.32
河北	39.23	37.09	38.63	37.43	45.17	42.04	39.11	32.75	26.22
90—144 平方米投资占比（%）									
	2011	2012	2013	2014	2015	2016	2017	2018	2019
北京	30.29	31.31	32.33	25.51	16.87	17.68	27.62	20.33	23.52
天津	45.41	50.77	47.57	55.76	31.98	34.24	47.18	58.81	59.06
河北	46.75	49.19	49.21	53.30	43.42	45.50	48.09	54.01	60.12
144 平方米以上投资占比（%）									
	2011	2012	2013	2014	2015	2016	2017	2018	2019
北京	30.03	23.27	22.16	23.17	30.42	34.91	31.49	26.51	22.26
天津	15.73	13.28	13.70	10.63	19.44	20.04	20.40	17.18	15.62
河北	14.02	13.72	12.16	9.27	11.41	12.46	12.81	13.23	13.67

数据来源：根据历年中国房地产统计年鉴相关数据整理而得。

从住宅投资结构来看，京津冀三地房地产开发商投资主要流向或者说投资偏好随着时间的流逝也有所区别，具体如表 7-3 所示。2011 年，北京市90平方米以上和90平方米以下的住宅投资比例大约是6∶4；以144平方米为界，90—144平方米与144平方米以上的住宅投资相当；2019年，北京的住宅投资结构则产生了微妙的变化：代表中高端的90平方米以上住宅开发商投资比例有所下降，90平方米以下的住宅投资占到住宅总投资的一半以上。这似乎预示着由于北京市对周边地区强大的吸引力，普通收入人口的不断聚集，住房需求更多地向着小户型住宅倾斜，房地产开发商正在加紧对于小户型住宅的开发建设，缩减大户型住宅建设。另外一个政策因素便是2018年以来“限竞房”政策的广泛推行，政策的要求使得中小户型住宅投资快速攀升。天津市以及河北省的住宅投资结构则有相似的地方，相对于北京市，天津市以及河北省大面积的高档住宅投资比例较小（约占10％—15％），主要集中在中小户型住宅上，并且近些年90—144平方米的中等户型投资增长更多地挤占了90平方米以下户型住宅投资增长。这从一定意义上表明天津以及河北房地产开发商更加注重中等户型的住宅投资开发，在未来一段时间内，津冀地区住宅市场将会有更多的中等户型的住宅供给。

三、京津冀住宅开发成本比较

上文从开发商投资住宅面积的角度分析了京津冀住宅投资结构，如果进一步从房地产开发企业完成投资款项主要去向角度分析，则便于我们更清晰地抓住其中影响开发商住宅开发成本的因素。

表7-4　2006—2019年京津冀房地产开发企业完成投资各流向占比（％）

建筑工程														
	2006	2007	2008	2009	2010	2011	2012	2013	2014	2015	2016	2017	2018	2019
北京	54.57	50.19	42.80	35.41	30.90	40.37	43.15	42.11	42.05	29.90	32.47	30.41	29.14	32.91
天津	59.81	62.68	61.15	58.80	59.93	68.16	63.35	66.05	64.34	66.50	55.78	46.91	34.32	36.14
河北	72.00	66.47	67.09	70.67	69.89	71.21	71.36	72.25	70.10	73.21	75.09	74.66	73.86	71.66

续表

安装工程														
	2006	2007	2008	2009	2010	2011	2012	2013	2014	2015	2016	2017	2018	2019
北京	0.85	0.68	0.66	0.59	0.50	0.31	0.71	1.23	1.05	1.17	0.83	1.04	0.85	0.68
天津	6.33	3.29	4.48	7.20	6.76	6.58	6.65	6.00	5.14	4.47	5.52	4.51	2.37	1.40
河北	4.44	5.15	6.65	5.73	5.03	7.43	9.69	10.99	10.35	10.60	11.07	11.82	10.65	6.16
设备工器具购置														
	2006	2007	2008	2009	2010	2011	2012	2013	2014	2015	2016	2017	2018	2019
北京	3.23	2.95	2.55	1.96	1.60	1.27	2.08	1.52	1.27	0.55	0.52	0.61	0.35	0.33
天津	1.36	0.53	0.54	0.73	0.40	0.93	0.72	0.90	0.64	0.70	0.57	0.26	0.32	0.19
河北	0.92	0.75	1.57	1.13	1.20	1.38	1.90	2.19	2.23	2.14	2.35	2.36	1.99	2.08
其他成本														
	2006	2007	2008	2009	2010	2011	2012	2013	2014	2015	2016	2017	2018	2019
北京	14.01	31.49	20.52	36.90	22.45	15.20	19.09	21.84	18.51	19.23	18.14	21.59	16.92	17.61
天津	15.00	19.99	18.49	21.25	17.43	16.66	18.30	19.81	13.33	11.28	12.92	14.30	16.49	14.82
河北	8.15	6.79	8.51	8.15	7.61	6.60	6.28	5.94	4.73	4.58	4.29	3.44	2.90	3.35
土地购置费														
	2006	2007	2008	2009	2010	2011	2012	2013	2014	2015	2016	2017	2018	2019
北京	27.34	14.69	33.48	25.14	44.56	42.86	34.97	33.29	37.11	49.15	48.04	46.35	52.73	48.48
天津	17.50	13.50	15.35	12.02	15.47	7.67	10.98	7.24	16.55	17.05	25.21	34.02	46.51	47.44
河北	14.49	20.83	16.19	14.33	16.26	13.39	10.78	8.64	12.60	9.47	7.19	7.73	10.60	16.76

数据来源：根据历年中国房地产统计年鉴相关数据整理而得。

表 7-4 展示的是京津冀三地 2006—2019 年房地产开发企业完成投资流向。从表中可以看到，自 2015 年以来，北京市与天津市房地产开发建安成本已经不再是成本核算中占据资金最大的项目，土地要素的购置成本正逐渐成为京津两地房地产开发投资主要流向，2019 年该项占比在 50%左右；而河北省的情况则有所不同，绝大部分投资款项仍旧被使用到了建安项目上，土地购置费用只占到 10%左右，但是近两年来该项占比正在重新快速

增长。因而京津冀三地土地使用成本，将会通过改变住宅开发成本进而对住宅供给产生一定的影响，并且这种影响随着可供开发土地的减少，具有强化趋势。

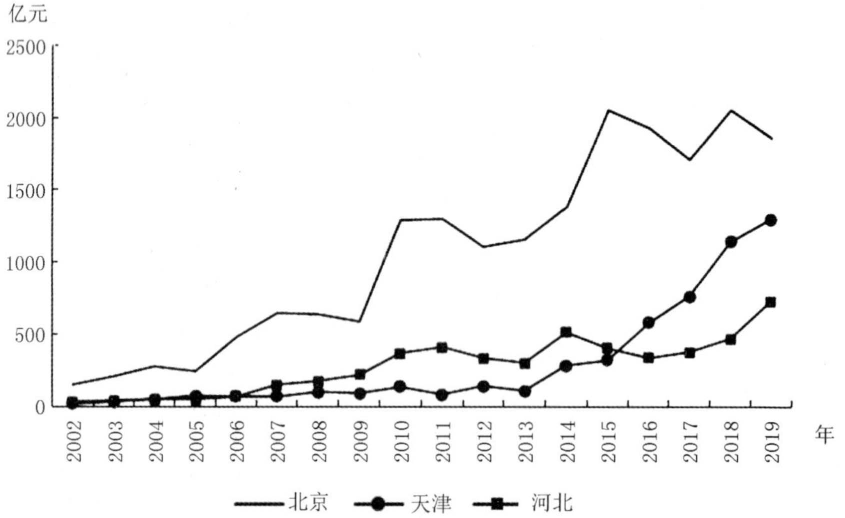

图 7-12 房地产开发投资（土地购置费）

数据来源：根据中经网产业数据库相关数据整理而得。

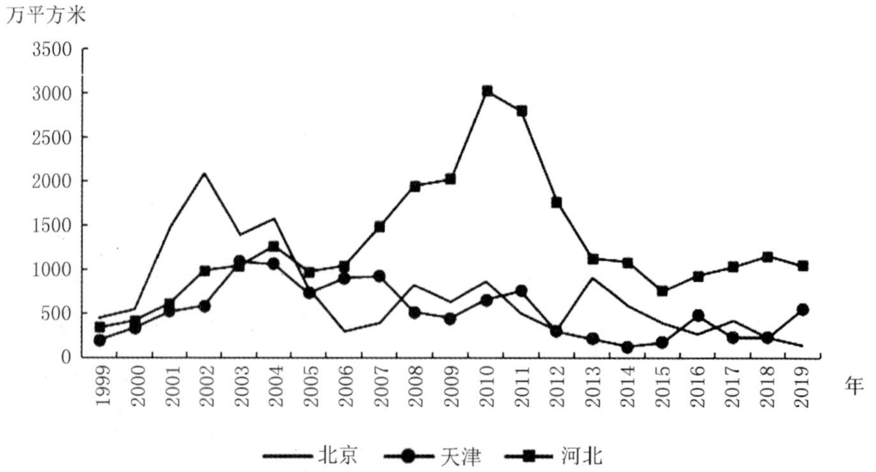

图 7-13 房地产开发企业购置土地面积

数据来源：根据中经网产业数据库相关数据整理而得。

从理论上看，在短期，由于建设周期以及沉没成本的存在，房价变动通过引致需求影响地价变动，房价的上升激发房地产开发商对土地要素的需求，进而使得地价上升；而在长期，作为房地产开发商建造成本的重要部分之一，地价被纳入成本核算中，成为房价的一部分，因而随着地价的不断上涨，房价也在不断上涨。更有研究者认为，中国房价的居高不下有很大一部分原因出自政府过高的土地出让金和税费。图 7-12 展示的是京津冀地区土地购置费的变化情况，从数据中可以看到，三地土地购置费总体上处于一个不断上升的趋势，北京市土地购置费用一直远超天津市和河北省，呈现出有规律性地波动上涨趋势并且波动较大。结合图 7-13 房地产开发企业购置土地面积来看，北京市土地购置费开始与津冀两地拉开差距是在 2006 年，恰逢土地购置面积由 2002 年顶峰持续回落到 2006 年低位的时候。由于北京市政府对于土地供给问题更加重视，收紧土地供给的“闸门”，导致住房开发成本的上升，开发商降低住房供给，进而使得房价上涨。另外也有学者认为，过高的土地价格恰恰是北京市房价飞涨的主要原因。而对于天津市来说，2013 年后，一直处于稳定状态的土地购置费用开始呈现出快速上涨趋势，2019 年天津市的土地购置费从 2013 年的 107.25 亿元暴涨到 1294.08 亿元，增长了 1106.60%；与此相对比，2006—2012 年仅仅增长了 96.58%；并且天津市的土地购置费用于 2016 年超越河北省，与北京市的差距不断缩小。但是与持续上升的土地购置费用趋势有所不同的是，天津市的土地购置面积在 2013 年后虽然有几年土地需求大幅上升，但并未展现出与购置费用相同持续增长的趋势，反而整体来看低于 2013 年以前土地的购置面积，单位成本有所上升。相比天津而言，河北省的土地购置费用则是自 2006 年开始呈现出稳定上涨的趋势，并且持续到 2011 年，此后虽然偶尔有土地购置费用较大的年份，比如说 2014 和 2019 年，但是总体来看土地购置费用一直保持在一个较为稳定的状态。2006—2011 年河北省土地购置费用上升也可以从土地购置面积中窥见端倪。2006—2011 年，河北省土地购置面积飞速上升，于 2010 年到达峰值 3024 万平方米。土地购置费用的上涨一方面是数量的飞速上升，另外也有单位土地购置费用上涨的原因。单位土地购置费用的上升在一定程度上造成河北省住宅价格持续上升。不仅如此，在经历 2012 和 2013 年连续两年土地购置面积大幅下降之后，河北省房地产企业土地购置面积基本稳定在 1000 万平方米左右，但土地购置费用却有上升势头，而住宅价格增速自 2016 年逐步下降，这意味着部分房地产企业将面临一定的成本压力。

本章从京津冀地区住房价格以及影响住房供需的影响因素入手，较为全面地对京津冀地区住房市场现状进行了分析。分析结果认为，京津冀地区由于资源要素分配不均，经济发展存在差距以及政策等因素的影响，劳动力等要素更多地向北京市流动、集中，催生了北京市过于庞大的住房需求，使得河北省与天津市的住房价格与北京市存在较大差距。在京津冀协同发展过程中，如何更大地发挥核心城市向外“辐射”带来的正向外溢效应，尽可能减少核心城市向边缘城市的“虹吸”效应，通过经济协同发展进而带动京津冀地区房地产行业的共同繁荣，将会是政府今后需要考虑的一大问题。

参考文献

[1] 张玉梅，王子柱. 基于历次调控视角的房地产市场长效机制研究 [J]. 甘肃社会科学，2019 (04).

[2] 刘少杰. 京津冀房产价格分化上涨的非市场因素与治理对策 [J]. 新视野，2019 (02).

[3] 刘畅. 中国房地产调控政策的历史回顾及展望 [J]. 中国经济报告，2019 (06).

[4] 杨永华. 论房价和房价收入比 [J]. 经济学家，2006 (02).

[5] 吕江林. 我国城市住房市场泡沫水平的度量 [J]. 经济研究，2010，45 (06).

[6] 刘有章，徐颖. 中国长三角地区房价影响因素实证分析——基于空间视角 [J]. 海南大学学报（人文社会科学版），2019，37（06）.
[7] 黄禹铭. 中国城市住房价格增长的空间差异及其影响机制 [J]. 经济地理，2019，39（12）.
[8] 孟庆斌，荣晨. 宏观经济因素对房地产价格的长短期影响 [J]. 统计研究，2014，31（06）.
[9] 李继玲. 房价波动影响因素研究——基于2005—2015年数据的实证分析 [J]. 经济问题探索，2017（09）.
[10] 孔令锋，顾天伟. 金融危机前中国经济发展模式反思与后危机时代战略选择 [J]. 华东经济管理，2011，25（04）.
[11] 陆铭，欧海军，陈斌开. 理性还是泡沫：对城市化、移民和房价的经验研究 [J]. 世界经济，2014，37（01）.
[12] 范剑勇，莫家伟，张吉鹏. 居住模式与中国城镇化——基于土地供给视角的经验研究 [J]. 中国社会科学，2015（04）.
[13] 翟士军，赵磊. 基于泰尔指数的产业结构调整对出口强度影响研究 [J]. 经济经纬，2016，33（04）.
[14] 干春晖，郑若谷，余典范. 中国产业结构变迁对经济增长和波动的影响 [J]. 经济研究，2011，46（05）.
[15] 兰峰，吴迪. 人口流动与住房价格波动——基于我国35个大中城市的实证研究 [J]. 华东经济管理，2018，32（05）.
[16] 周建军，刘奎兵，郑娇，等. 人口结构对房价的影响及其区域差异性研究 [J]. 经济经纬，2020，37（03）.
[17] 邓宏乾，张雪. 人口结构对住房价格的影响——基于抚养负担与流动人口两个维度 [J]. 江汉论坛，2021（02）.
[18] 何鑫，田丽慧，楚尔鸣. 人口流动视角下中国房价波动的空间异质性 [J]. 人口与经济，2017（06）.
[19] Mankiw N G，Weil D N. The baby boom，the baby bust，and the housing market [J]. Regional Science and Urban Economics，1989，

19 (2).

[20] 陈斌开，徐帆，谭力. 人口结构转变与中国住房需求：1999—2025——基于人口普查数据的微观实证研究 [J]. 金融研究，2012 (01).

[21] 徐建炜，徐奇渊，何帆. 房价上涨背后的人口结构因素：国际经验与中国证据 [J]. 世界经济，2012，35 (01).

[22] 陈国进，李威，周洁. 人口结构与房价关系研究——基于代际交叠模型和我国省际面板的分析 [J]. 经济学家，2013 (10).

[23] 陈彦斌，陈小亮. 人口老龄化对中国城镇住房需求的影响 [J]. 经济理论与经济管理，2013 (05).

[24] 杨华磊，温兴春，何凌云. 出生高峰、人口结构与住房市场 [J]. 人口研究，2015，39 (03).

[25] 张浩，李仲飞，邓柏峻. 政策不确定、宏观冲击与房价波动——基于LSTVAR模型的实证分析 [J]. 金融研究，2015 (10).

[26] 李凤羽，杨墨竹. 经济政策不确定性会抑制企业投资吗？——基于中国经济政策不确定指数的实证研究 [J]. 金融研究，2015 (04).

[27] 刘志远，王存峰，彭涛，等. 政策不确定性与企业风险承担：机遇预期效应还是损失规避效应 [J]. 南开管理评论，2017，20 (06).

[28] 刘琳，刘洪玉. 地价与房价关系的经济学分析 [J]. 数量经济技术经济研究，2003 (07).

[29] 严金海. 中国的房价与地价：理论、实证和政策分析 [J]. 数量经济技术经济研究，2006 (01).

[30] 任泽平. 房价构成分析：谁是房地产盛宴的受益者 [J]. 股市动态分析，2016 (40).

[31] 丰雷，孔维东. 2003年以来中国土地政策参与宏观调控的实践——特点、效果以及存在问题的经验总结 [J]. 中国土地科学，2009，23 (10).

[32] 徐艳. 北京市房价过高的原因和房价控制 [J]. 城市问题，2002

(01).
[33] 李宁宁. 京津冀地区房价影响因素及联动分析［D］. 北京：首都经济贸易大学，2019.

第八章　河北省自贸试验区建设与营商环境改善

政府职能转变是中国改革开放以来的一项长期任务，政府职能转变的内涵也随着我国经济发展阶段的不同而有所转变。中国自 2013 年成立自贸试验区以来始终将政府职能转变放在首位，2019 年和 2020 年成立的两批自贸试验区均将建立“国际一流营商环境”作为政府职能转变的核心，这意味着双循环背景下营商环境问题依然是自贸试验区需要解决的重点问题，对于河北自贸试验区来说，转变政府职能、优化营商环境更应该成为自贸试验区建设的重中之重。本章包括三部分内容：首先，简要论述改革开放以来政府职能的转变历程以及自贸试验区建设的初衷；其次，研究先行自贸试验区的最佳实践案例和复制创新成果，梳理自贸试验区建设中改善营商环境的经验；最后，从河北省的营商环境现实出发提出河北省改善营商环境的对策建议。

第一节　我国政府职能转变历程及自贸试验区建设初衷

政府职能转变是我国改革开放以来一项重要内容。政府职能转变的重心在不同时期有不同的表现形式。2013 年出台的《中国（上海）自由贸易试验区总体方案》中明确提出要“加快转变政府职能，改革创新政府管理方式，按照国际化、法治化的要求，积极探索建立与国际高标准投资和贸易规则体系相适应的行政管理体系”。此后成立的自贸试验区在其制定的总体方案中，“主要任务和措施”的首项内容都是“加快转变政府职能”或

“切实转变政府职能”，在2019年和2020年成立的9个自贸试验区中，有8个自贸试验区的总体方案都将“打造国际一流营商环境”作为转变政府职能的首要目标，这意味着双循环背景下政府职能转变内涵或外延的变化。

一、改革开放以来政府职能转变的历程

政府职能转变是指政府在原有职能内涵、范围、重点或履行职能方面进行有目的转移或改变的过程，这是所有计划经济向市场经济转型国家共同面临的问题，也成为中国向社会主义市场经济过渡过程中的一项艰巨任务。围绕政府职能转变我国开展了长期的探索和实践，大致经历了三个阶段。

第一阶段是在中国改革开放到“入世”之前，转变政府职能是行政管理体制改革的核心。改革开放后，计划经济时代的机构臃肿、政府职责不清、效率低下等问题日益凸显。1982年的机构改革就是明确政府机构的任务和职责，大规模裁撤或缩减机构和人员编制。1984年十二届三中全会开始从政企分开的角度探索经济体制改革下的政府职能问题。1988年国务院行政改革方案正式提出“转变政府职能”概念，当年《政府工作报告》明确提出“政府机构改革着眼于转变职能”。1993年《政府工作报告》进一步指出行政管理体制和政府机构改革“要围绕转变政府职能这个中心环节”展开。在这一阶段的改革中，由于并没有一个明确的社会主义市场经济体制下政府职能的基本界定，改革并没有取得太大成效。1997年“十五大”报告明确提出转变政府职能就是区分政府和市场的作用，把企业的生产经营权交给企业。1998年国务院机构改革方案将政府职能定位于“宏观调控、社会管理和公共服务”三个方面，这是对政府职能内涵的一次重大突破。

第二阶段从中国“入世”到2018年期间，行政审批制度改革成为政府职能转变的重要抓手。2001年中国加入WTO，进一步推动融入经济全球化的速度，更加凸显了政府职能转变的必要性和重要性。因市场失灵引发

了食品药品安全、产品和服务质量、劳动安全、金融欺诈等问题，这要求政府发挥监管市场职能。2002 年《政府工作报告》提出的政府职能在原有三个职能的基础上，增加了市场监管职能，即政府职能体现在“经济调节、市场监管、社会管理和公共服务”四个方面。2002—2012 年，国务院先后取消和调整了六批行政审批项目，进行了大规模行政审批制度改革，极大提高了行政效能。2013 年开始成立自贸试验区之后，政府职能改革主要集中在简化行政审批、提升服务水平和强化事中事后监管等方面。

第三个阶段是 2018 年以来的政府职能转变聚焦在优化营商环境方面。营商环境是指市场主体在准入、退出和生产经营过程中涉及的政务环境、市场环境、法治环境、人文环境等相关因素和条件的总称，是一国经济社会发展的“软实力”。近年来，全球产业链、供应链和价值链，也就是“三链”成为经济全球化的主要特征，而“三链”催生了国际经贸规则重构中的“三零”趋势，即零关税、零壁垒和零补贴。以“三零”为核心的国际经贸规则改革不仅要求消除关税壁垒，同时还要求各国营造公平竞争、法制化、自由化、便利化的营商环境，这是国际经贸规则由“边境上”向“边境内”过渡的典型特征。2018 年中国《政府工作报告》指出要“下大力气优化营商环境”；当年国务院还印发了《关于聚焦企业关切进一步推动优化营商环境政策落实的通知》（国办发〔2018〕104 号）；2019 年《政府工作报告》更是明确要激发市场主体活力，着力优化营商环境，即“深化‘放管服’改革，降低制度性交易成本，下硬功夫打造好发展软环境”。2019 年 10 月，国务院发布《优化营商环境条例》，自 2020 年 1 月开始实施，这为构建市场化、法治化、国际化的营商环境奠定了坚实基础。

二、自贸试验区建设方案与政府职能重心转变

自由贸易试验区（Pilot Free Trade Zones，以下简称自贸试验区）是中国为适应国际经济形式变化和国际经贸规则重构趋势而设立的。国际经贸规则改革中的“三零”趋势已经出现在全面与进步跨太平洋伙伴关系协

定（CPTPP）、日本与欧洲的经济伙伴关系协定（日欧 EPA）、美墨加协议（USMCA）等巨型 FTA 当中。2022 年 1 月 1 日生效的包括中国在内的东盟“10+5”的区域全面经济伙伴关系（RCEP）以及仍在谈判中的中日韩 FTA 也都反映了这一趋势。客观来说，我国现行经贸体制机制同国际先进的经贸规则还有一定的距离。我国设立自由贸易试验区的目的，就是将其作为全新国际经贸规则的试验田，在规定的区域内进行压力测试，探索制度创新经验，将成功经验在全国范围内借鉴推广。

从国际上看，我国的自贸试验区属于世界银行所说的自贸园区（Free Trade Zones），其根本目标是促进出口推动经济发展。但由于我国社会主义市场经济体制的特殊性，在自贸试验区建设中如何处理政府与市场的关系就成为一个非常重要的任务，体现在自贸试验区的建设方案中就是转变政府职能，政府职能转变的重心就是改善营商环境。表 8-1 是根据 21 个自贸试验区总体方案汇总出的政府职能转变的内涵及其变化。

表 8-1　自贸试验区总体方案中的政府职能转变

	一级标题	二级标题	三级标题	重点改革内容
上海	主要任务和措施	加快政府职能转变	行政管理体制改革	事中事后监管/行政审批/综合执法
广东	主要任务和措施	国际化、市场化、法制化营商环境	创新行政管理体制	行政审批/投资管理/行政执法/行政咨询
天津	主要任务和措施	加快政府职能转变	行政管理体制改革/提高行政管理效能	行政审批/事中事后监管/社会信用体系/执法效能/知识产权保护和服务
福建	主要任务和措施	切实转变政府职能	行政管理体制改革	行政审批/知识产权管理/执法体制/社会服务体系
辽宁	主要任务和措施	切实转变政府职能	行政管理体制改革/公平便利营商环境	商事制度/事中事后监管/知识产权综合管理/税收服务创新

续表 1

	一级标题	二级标题	三级标题	重点改革内容
浙江	主要任务和措施	切实转变政府职能	行政管理体制改革/市场准入和高标准监管	行政审批/知识产权综合管理/税收服务创新/事中事后监管/社会信用体系
河南	主要任务和措施	加快政府职能转变	行政管理体制改革/完善市场监管/行政服务效能	行政审批/商事制度/知识产权综合管理/事中事后监管/社会信用体系/综合行政执法体系/“互联网+政务服务”
湖北	主要任务和措施	加快政府职能转变	行政管理体制改革/强化事中事后监管	行政审批/商事制度/社会服务/事中事后监管
重庆	主要任务和措施	法制化、国际化、便利化营商环境	优化法治环境/行政管理体制/行政管理效能	知识产权综合管理/行政审批/事中事后监管/社会信用体系/税收服务创新
四川	主要任务和措施	切实转变政府职能	简政放权/事中事后监管体系/优化法治环境	行政审批/社会信用体系/综合行政执法/知识产权综合管理/行政咨询
陕西	主要任务和措施	切实转变政府职能	改革创新政府管理方式/知识产权综合管理	事中事后监管/商事制度/税收服务创新/社会信用体系/知识产权综合管理
海南	制度设计	社会治理	推动政府职能转变	综合行政执法/包容审慎监管/行政审批/“互联网+政务服务”模式
山东	主要任务和措施	加快政府职能转变	国际一流营商环境	商事制度/行政审批/事中事后监管
江苏	主要任务和措施	加快政府职能转变	国际一流营商环境/行政管理职能与流程优化	商事制度/行政审批/综合行政执法/“互联网+政务服务”模式/事中事后监管
广西	主要任务和措施	加快政府职能转变	国际一流营商环境/行政管理职能与流程优化	行政审批/“互联网+政务服务”模式

续表 2

	一级标题	二级标题	三级标题	重点改革内容
河北	主要任务和措施	加快政府职能转变	国际一流营商环境	行政审批/知识产权综合管理
云南	主要任务和措施	加快政府职能转变	行政管理职能与流程优化	行政审批/事中事后监管/“互联网＋政务服务”模式（行政服务）
黑龙江	主要任务和措施	加快政府职能转变	国际一流营商环境	行政审批/知识产权综合管理/事中事后监管
北京	主要任务和措施	加快政府职能转变	国际一流营商环境/多元化法治保障	事中事后监管/行政审批/多元化纠纷解决机制/联防联控机制
安徽	主要任务和措施	加快政府职能转变	国际一流营商环境	行政审批/公平竞争制度环境/“互联网＋营商环境监测”
湖南	主要任务和措施	加快政府职能转变	国际一流营商环境/行政管理职能与流程优化	公平竞争制度环境/商事制度/行政审批/社会信用体系

资料来源：根据各个自贸试验区总体方案整理而得。

从表 8-1 中可以看出，自贸试验区建设总体方案不仅显示了转变政府职能的重要性，而且也体现了政府职能转变内涵的变化特征。

第一，在 21 个自贸试验区建设的总体方案中，17 个省市将“转变政府职能”作为“主要任务和措施”的首位，二级标题中广东和重庆两个省市均提到建设法治化、国际化、市场化的营商环境，三级标题都是集中在行政管理体制改革、加强市场监管、完善知识产权等方面，这在 2019 年之前设立的 12 个自贸试验区中表现最为突出。从重点建设内容看，主要是审批制度、商事制度、综合监管制度改革等。为落实《中共中央国务院关于支持海南全面深化改革开放的指导意见》而成立的海南自由贸易试验岛，总体方案中将“制度设计”作为一级标题，二级标题则强调了社会治理的重要性，也凸显了政府职能转变的重要性。最新成立的北京自贸试验区的总体方案中仍将“加快政府职能转变”作为“主要任务和措施”的其中一项，虽然不是首位，但也明确提出了在营商环境、法制保障、经济风险防范等方面“加快转变政府职能”。

第二，在2019年和2020年成立的9个自贸试验区中，除云南以外的8个自贸试验区均将建设“国际一流的营商环境”作为转变政府职能的重点任务，足以说明营商环境改善成为自贸试验区政府职能转变的重要内容。这是伴随我国国家治理现代化建设而出现的必然转变，营商环境的改善不但有利于稳定市场预期，激发市场主体活力，而且有利于吸引外资，提升一个国家的综合竞争实力。

第三，从自贸试验区的重点改革内容看，主要集中在保护市场主体、优化市场环境、提升政务服务水平、强化监管执法能力和完善法治保障等方面。这也就是2020年生效的《优化营商环境条例》所规定的内容。

第二节　先行自贸试验区创新与营商环境改善

根据自贸试验区建设的相关规定，自贸试验区建设过程中的制度创新成果主要以两种方式显示，一是由国务院发函等方式集中复制推广的创新成果；二是国务院自贸试验区工作部际联席会议办公室总结形成的“最佳实践案例”。此外，还有一种是国务院各职能部门牵头自行向全国复制推广和省内推广的创新成果，这是在上述两种官方发布的经验和案例基础上在一定范围内的推广。

一、复制推广经验和最佳实践案例分类

上海自贸试验区运行一年后的2015年，商务部会同上海市和有关部门进行了一次阶段性总结，形成了34项试点经验，以国务院文件形式印发，要求全国各地复制推广。此后，每年发布一批复制推广经验，截止到2020

年共发布了 6 批，总计 143 项。自 2018 年的第四批复制推广经验开始，国务院按照投资管理、贸易便利化、金融开放创新、事中事后监管、服务业开放等进行了分类，2020 年的第六批增加了人力资源管理创新。表 8-2 汇总了不同类别的复制推广经验数量，后三批统计结果是根据国务院的分类整理而来，前三批统计结果是根据推广经验的主要内容自行进行的分类。

表 8-2 自贸试验区复制推广经验分类

推广范围	改革事项	第一批	第二批	第三批	第四批	第五批	第六批
全国	贸易便利化	5	7	2	9	6	7
	投资管理	9	3	1	6	5	9
	事中事后监管	5	2	1	7	6	6
	金融	4	0	1	0	0	4
	服务业开放	5	0	0	5	0	0
	人力资源	0	0	0	0	0	5
特定区域（注）	海关监管、贸易投资便利化	6	7	0	3	1	6
总计		34	19	5	30	18	37

注：前五批的特定区域是指“自贸试验区、海关特殊监管区域”，第六批特定区域包括“自贸试验区、二手车出口业务试点地区、保税监管场所、成都铁路局局管范围内”。

资料来源：根据中国商务部自贸区港司网站资料整理而得。

从表 8-2 可以看出，自贸试验区的复制推广经验出现了以下两个特征。

一是复制推广经验主要集中在营商环境改善方面。在所有 6 批的 143 个复制推广经验中，有 83%集中在贸易便利化、投资管理、事中事后监管以及海关领域的贸易投资便利化方面，更具体地说就是精简行政审批程序和服务标准化、将更多行政资源从事前审批转移到事中事后监管环节等方面。这就是营商环境条例中所规定的优化市场环境、提升政务服务水平、强化监管执法能力和完善法治保障的实现路径，如第 6 批发布的 6 项人力资源管理方面的经验是典型的保护市场主体方面的措施。

二是自贸试验区的复制经验经过了从简单程序化的改革向更深层次拓展的历程。最早发布的复制推广经验集中在简化行政程序和提高行政效率等方面，典型的经验包括“公证‘最多跑一次’”“边检服务掌上直通车”“检验检疫通关无纸化”“低风险生物医药特殊物品行政许可审批改革”等。伴随着自贸试验区的改革深入，知识产权综合管理和社会信用体系建设也成为自贸试验区制度创新的重要环节。自贸区知识产权综合管理重在打通知识产权创造、运用、保护、管理、服务全链条，实现从“部门行政”到“公共治理”转变，建立权责统一、权威高效的依法行政体制。上海自贸试验区成立了集专利、商标、著作权于一体，具备行政管理与综合执法两项职能的知识产权局；福建自贸试验区也设立了知识产权管理部门，在此基础上实现了知识产权“三合一”管理模式创新；四川省在自贸试验区成立了知识产权巡回法庭，建立快速处理知识产权纠纷机制。社会信用体系改革包括建立全链信用监管体系，健全守信激励和失信惩戒机制，从而创新政府管理方式，如“商事主体信用修复制度”“公共信用信息‘三清单’（数据清单、行为清单、应用清单）编制”等。商事主体信用修复制度是企业在列入严重违法失信企业名单之日满 3 年没有再发生失信状况的，可以通过国家企业信用信息公示系统发布信用修复公告，公告期为 30 日。这一制度有利于激发已有失信记录商事主体的自我纠错行为，促进守信激励和失信惩戒机制全面发挥作用。

二、最佳实践案例中的营商环境改善方略

2015 年 2 月国务院成立了自由贸易试验区工作部际联席会议制度，办公室设在商务部，开始有序推进最佳实践案例的收集和发布工作。商务部高度重视对自贸试验区试点经验的总结和复制推广工作。

最佳实践案例是经联席会议办公室会同各自贸试验区对制度创新成果进行甄选评估，并商有关部门并经国务院批准后形成的。具体来说，自贸试验区联席会议办公室定期向各自贸试验区征集“试得好、看得准、风险

可控”的创新举措，综合考虑实效性、创新性、系统集成性、可操作性、风险可控等因素，兼顾不同地区因地制宜开展差别化探索的任务，优中选优而推出的。迄今共发布 4 批 61 项，分别为 2015 年第一批 8 项，2017 年第二批 4 项，2019 年第三批 31 项，2021 年第四批 18 项。在总共 61 项最佳实践案例中，最初是照顾到了各个省市自贸试验区的平衡，如在第一批发布的 8 个最佳实践案例分别来自四个最早成立的自贸试验区，每个省市各两个；第二批是每个省市各选出了一个最佳案例；在第三批的 31 个案例中出现了一定差异，浙江和湖北省各 4 个，广东、辽宁、福建、重庆和四川各 3 个，河南和天津 2 个，上海 1 个。

纵观迄今为止的 61 项最佳实践案例，根据主要经验可以分为以下几大类（详见表 8-2）。

大致来看，第一批和第二批均集中在简化行政审批等内容的贸易投资便利化和强化事前事后监管方面，如简化通关和贸易环节手续的国际贸易“单一窗口”、推进“放管服”改革的证照分离、强化区域检验检疫和执法监管模式改革、加强社会诚信管理改革和提升政务服务的改革措施等，均是集中在行政审批、商事制度等与营商环境密切相关的内容。第三批最佳案例中，既有工程建设项目审批、创新不动产登记、简化退税流程等“放管服”的改革创新案例，也有融资租赁、“铁路＋金融”、知识价值信用融资等金融服务实体经济的典型做法，还有跨部门协同监管、大数据平台等事中事后监管举措，基本包括了世界银行营商环境报告所考察的大多数指标；金融服务实体经济和自贸区服务当地企业改革或产业发展成为这一批实践案例的最大特征（如辽宁被称为“冰山模式”的混合所有制改革、国有企业内创业模式等）。第四批最佳实践案例涉及投资贸易便利化、金融服务实体经济、国企改革、生态环境保护等多个领域，体现出新形势下推动我国经济高质量发展、服务国家整体战略、激发市场主体活力等多个方面，其中约有 1/3 的案例集中在产业发展和区域协同创新方面，这也意味着我国自贸试验区作为双循环形势下制度创新平台在优化营商环境的同时，正在担负起了畅通国际和国内大循环的重要作用。

第三节 河北省营商环境现状及改善营商环境的对策建议

国际社会对营商环境愈发关注。世界银行自 2003 年开始发布《世界银行全球营商环境报告》，对 190 多个国家和经济体的营商环境进行评估，影响很大。2020 年发布的报告显示，中国的营商环境持续改善，排名从 2017 年的 78 位提升到 2019 年的 31 位。但由于中国大陆只有北京和上海参加评估，并不意味着全国营商环境得到了同步改善。下面基于《中国城市营商环境指数评价报告》分析比较河北省营商环境状况，并基于评价指标体系提出改善营商环境的对策建议。

一、河北省营商环境低下的现象不容忽视

近年来，中国国内发布了许多营商环境评估报告。2020 年国家发改委首次发布《中国营商环境报告 2020》，对 80 个地级以上城市和 18 个国家级新区开展了营商环境评价，成为我国营商环境评价领域的首部国家报告；普华永道、财新智库等在 2018 年发布了《2018 年中国城市营商环境质量报告》，从城市吸引力（对企业的吸引力）和企业发展力（企业在城市的发展）两个方面对 GDP 排名前 80 的城市的营商环境质量进行了评估，河北省有 5 个城市入围（石家庄、保定、唐山、沧州、邯郸）；中国战略文化促进会、中国经济传媒协会、万博新经济研究院和第一财经研究院连续两年（2019 年和 2020 年）发布了《中国城市营商环境指数评价报告》，对全国 GDP 排名前 100 的地级市营商环境进行了评估。为展示营商环境变化与 GDP 排名变化的关系，这里使用《中国城市营商环境指数评价报告》中的评价指标进行分析，2019 年设立的 6 个自贸试验区省会城市均在该评估系列。河北省共有 6 个城市参评（石家庄、保定、唐山、邯郸、廊坊、沧州），除沧州、邯郸外均设有自贸试验片区。该指数包括市场环境、政务服

务环境、监管执法与法治保障环境、创新环境和生活环境等五个一级指标。其中，市场环境、创新环境和生活环境为客观指标，占比为60%，包括21个二级指标；监管执法与法治保障环境、政务服务环境为主观指标，占比40%。表8-3是根据2019年和2020年的两个评估报告汇总的2019年新设6个自贸试验区省会城市和河北省6个参评城市的营商环境指数。

表8-3　6个省会城市及河北省入围城市营商环境变化情况

时间	省会城市	营商环境指数	指数增减	河北省城市	营商环境指数	指数增减
2019	石家庄	58.21	−2.12	石家庄	58.21	−2.12
2020		56.09			56.09	
2019	昆明	63.41	3.11	保定	45.51	−0.91
2020		66.52			44.6	
2019	济南	72.86	3.29	唐山	51.19	−9.37
2020		76.15			41.82	
2019	南京	83.22	4.80	沧州	27.88	−8.05
2020		88.02			19.83	
2019	南宁	48.95	4.42	廊坊	32.28	3.43
2020		53.37			35.71	
2019	哈尔滨	54.18	11.80	邯郸	38.71	−5.75
2020		65.98			32.96	

资料来源：根据2019年和2020年《中国城市营商环境指数评价报告》整理而得。

从2019年成立的6个自贸试验区省会城市看，只有石家庄的营商环境指数出现了下降，其他的省会城市均出现了提升，其中哈尔滨和南京分别提升了11.8和4.8个百分点；从绝对值看，2019年石家庄的营商指数高于南宁和哈尔滨，到2020年哈尔滨超越了石家庄，南宁与石家庄的距离也从10个百分点缩小到3个百分点。从入围全国GDP总量前100的地级市看，河北省在2019年和2020年都是6个城市入围，从入围城市的营商环境指数看，只有廊坊出现了超过3个百分点的提升，其他城市均出现了下降，其中唐山下降9.4%、沧州下降8.1%、邯郸下降5.8%。

从上面的分析可以看出，河北省主要城市营商环境不断恶化和经济地位不断下降的事实不容忽视，河北省的自贸试验片区应该发挥先行先试功能，积极探索改善营商环境的政策措施，以促进河北省营商环境的整体改善。

二、河北省自贸试验区提升营商环境的对策建议

2018年成立的河北省自贸试验区包括雄安片区、正定片区、曹妃甸片区和大兴机场片区，四个片区是本着服务京津冀协同发展战略和高标准高质量建设雄安新区的要求而设立的。总体建设方案中明确了各片区的建设目标，即雄安片区重点发展新一代信息技术和数字金融创新，正定片区的建设目标是高端制造业和高端服务业基地，曹妃甸片区重在建设国际商贸物流的重要枢纽，大兴机场片区则是发展航空科技产业。河北自贸试验区建设的总体方案中的“主要任务和措施”中的第一项就是“加快政府职能转变”，其中的第一个要点是“打造国际一流营商环境”，这意味着河北自贸试验区建设的首要任务就是转变政府职能，提升营商环境。

按照《中国城市营商环境指数评价报告》中的评价指标体系，国际化一流营商环境就是打造一个便捷透明的服务环境、规范守信的市场环境、协同共享的创新环境、开放包容的社会环境以及公平公正的法治环境。自贸试验区必须在市场环境、创新环境、生活环境、法治环境和服务环境建设上转变政府观念，理顺政府与市场的关系，不断提高政府的服务效率。

首先，为完善自贸试验区的市场环境、服务环境和执法环境，在比较单纯的行政服务流程优化方面，需要根据河北省不同自贸区的现实和阶段特征，参照先行自贸试验区的经验，制定制度创新清单和规划，创造性地探索创新成果。2019年11月，中国（河北）自由贸易试验区推进工作领导小组发布《关于印发各片区共性制度创新清单和个性制度创新清单的通知》（冀自贸〔2019〕3号），共性制度创新清单包括199项，其中雄安片

区 69 项、正定片区 51 项、曹妃甸片区 54 项、大兴机场片区廊坊区域 25 项。河北省政府在 2019 年 11 月印发了《关于在自由贸易试验区开展“证照分离”改革全覆盖试点工作的实施方案》，目的就是落实总体方案中所提出的“推进‘证照分离’改革的全覆盖”任务。截止到 2020 年 8 月，河北省已经推出了首批 16 项制度创新案例，其中包括贸易便利化措施 2 项、金融创新措施 4 项、政府职能转变创新措施 8 项、京津冀协同发展领域措施 2 项。在政府职能转变方面，主要包括基于区块链技术的建设资金管理新模式、经济社会管理权限下放创新模式、“证照分离”改革全覆盖试点、以登记注册便利化为首的商事制度改革、“区域评估＋标准地＋告知承诺＋综合服务”一体化审批新模式、环评审批正面清单制度等。曹妃甸片区创新开发的“大数据＋”船舶智慧交通服务系统，目的在于实现港口运输高效化和港口管理智能化，在提高海事监管能力和海事服务保障能力方面取得了积极成效；该做法已经得到商务部和交通运输部的充分肯定，2020 年 1 月 21 日商务部自贸区港建设协调司发布专刊介绍了这一案例。

其次，在相对复杂的创新领域，探索系统集成性的具有整体协同性的政策措施。通过对前面自贸试验区总体方案建设内容和创新经验案例的梳理可以看出，总体方案设计的建设计划与实践总结出的创新案例或经验并非一一对应，大多数的经验案例集中在简化行政审批和事中事后监管方面，对于更具挑战性的知识产权管理、行政管理模式以及法制环境建设等方面的创新不足，如关于知识产权综合管理方面的案例或经验只有四川省提出的“知识产权类型化案件快审机制”和海南自贸岛推广的“知识产权证券化”。系统集成性的制度创新将成为未来自贸试验区创新的方向。实际上，知识产权在国外自贸园区建设中占有非常重要的地位。在经济一体化时代全球经贸规则重构过程中，知识产权议题已经远远超越了 WTO 框架下的《与贸易有关的知识产权协议》（TRIPS）规则。在中美贸易摩擦过程中，知识产权问题也是核心冲突领域。自贸试验区作为应对国际经贸规则改革的“压力测试”场，应该在知识产权领域探索更多的创新成果。

对于新成立的河北省自贸试验区来说，知识产权综合管理应该是自贸试验区的重点建设内容之一。第一，应该尽快研究制定自贸试验区保护知识产权的战略规划，并制定知识产权保护和应用的“十四五”规划，提升知识产权保护在新兴产业发展中的地位和作用；第二，筹建知识产权保护中心，完善知识产权侵权查处快速协同机制，扩展国家知识产权局地理标志产品专用标志的使用范围，提高地方特色产业地理标志产品的经济效益；第三，在海关、法院、检察院、公安及市场监管部门建立联席会议制度，构建自贸试验区保护知识产权的基层保障机制。

最后，在创新环境和生活环境方面转变政府观念。在《中国城市营商环境指数评价报告》中的评价指标中，城市创新环境和生活环境是五个一级指标中的两个。创新环境既测度政府对基础研究的投入力度和企业创新活动成果，也测度传统产业与现代产业信息融合及转型的便利程度；生活环境测度居民的就学便利度、就医便利度、文化氛围以及空气质量。这些指标虽然没有进入世界银行营商环境指标，但却是世界范围内创新生态系统建设的重点。20 世纪 80 年代中期美国波士顿科技竞争力下降源于当地的高房价，承接日本首都功能的筑波科技城的失败在于城市创新文化的缺失，足见生活环境及创新环境在提升城市竞争力、实现可持续发展过程中的重要作用。

参考文献

[1] 马英娟，李德旺．我国政府职能转变的实践历程与未来方向 [J]．浙江学刊，2019 (03).

[2] 赫郑飞，文宏．深化政府职能转变的理论探讨与实践创新——中国行政管理学会 2013—2014 年会暨“深化政府职能转变”研讨会综述 [J]．中国行政管理，2015 (03).

[3] 毛寿龙，景朝亮．近三十年来我国政府职能转变的研究综述 [J]．天津行政学院学报，2014 (4).

[4] 付淑靖. 经济新常态下我国政府职能转变探究 [J]. 经济研究导刊，2018 (21).

[5] 冉昊. “放管服”改革促营商环境优化：成效、看点与未来前瞻 [J]. 天津行政学院学报，2020，22 (04).

[6] 加快政府职能转变，优化营商环境再迎新突破 [N]. 经济参考报. 2019-10-28 (A01).

[7] FIAS. Special Economic Zones: Performance, Lessons learned and implications for zone development [R]. Washington DC: the World Bank, 2008.

[8] Thomas Farole, Gokhan Akinci . Special Economic Zones Progress, Emerging Challenges, and Future Directions [R]. Washington DC: the World Bank,2011.

[9] 张汉林，盖新哲. 自由贸易区的来龙去脉、功能定位与或然战略 [J]. 改革，2013 (9).

[10] 裴长洪. 全球治理视野的新一轮开放尺度：自上海自贸试验区观察 [J]. 改革，2013 (12).

[11] 张幼文. 自贸区试验与开放型经济体制建设 [J]. 学术月刊，2014 (1).

[12] 丁剑平，赵晓菊. 自贸区金融开放与改革的理论构思——基于要素流动速度不对称视角 [J]. 学术月刊，2011 (1).

[13] 夏斌. 对上海自贸试验区的认识与建议 [J]. 全球化，2013 (10).

[14] 王浦劬. 自贸区建设的出发点与政府职能转变 [J]. 深圳大学学报（人文社会科学版），2015 (32).

[15] 陈波. 政府职能转变是整个自贸区改革成效最彰显的部分 [N]. 21世纪经济报道，2018-04-14 (3).